für **Anne**

Monika Utnik-Strugała

Auf geht's nach Italien!

Eine Reise ins Land von Pizza,
Eiscreme und vielem mehr...

illustriert von
Anna Ładecka

KLEINE
GESTALTEN

Inhalt

I talien ist ein Land mit einer langen und ereignisreichen Vergangenheit. Auf den nächsten Seiten wirst du also viele spannende Geschichten zu lesen bekommen, die oft auf der ganzen Welt bekannt sind.

Eines wissen die meisten allerdings nicht: Warum heißt Italien eigentlich Italien? Bevor es überhaupt so etwas wie Länder gab, haben vor über 3.000 Jahren die ersten Familien auf der Halbinsel, die wir heute Italien nennen, ihre Häuser gebaut. Sie kamen aus dem Norden Europas, aus den Gegenden, die wir heute als Deutschland, Österreich oder Frankreich kennen. Vielleicht war es ihnen dort einfach zu kalt und sie haben deshalb den langen Weg auf sich genommen, um im sonnigen Süden leben zu können?

Genau wissen wir das bis heute nicht. Aber wir wissen, wie diese Völker genannt wurden: Italiker. Daher stammt also der Name, unter dem wir das Land Italien heute kennen. In sehr vielen Sprachen ist dieser Name in einer ähnlichen Form erhalten worden: Die Italiener selbst nennen ihr Land **Italia** und das haben auch die Spanier übernommen. Die Engländer sagen **Italy**, die Franzosen **Italie** und wir eben **Italien**.

Italien liegt auf der **Apenninen-Halbinsel**. Diese ist wiederum nach dem **Apenninen-Gebirge** benannt, das die Halbinsel durchzieht. Entlang der Küste Italiens wachsen schlanke Zypressen und hohe Pinienbäume, die mit unseren Kiefern verwandt sind. An den vielen gewundenen Straßen und Wegen kann man Zitronenbäume und jahrhundertealte Olivenbäume bestaunen. Im Frühling blühen Oleander und Feigenkakteen (Vorsicht, sie stechen!) und im Winter reifen auf der größten Insel Italiens, auf Sizilien, auf der Halbinsel von Sorrent und in der Region Kalabrien die Orangen.

Das Land ist etwas kleiner als Deutschland und hat weniger Einwohner (knapp über 60 Millionen), aber dafür so viele Denkmäler, dass man halb Europa damit vollstellen könnte. Das ist auch gar nicht verwunderlich, denn die Geschichte Italiens reicht über 2.500 Jahre zurück.

Damals wurde am Fluss **Tiber** die Stadt **Rom** gebaut (Seiten 20, 22, 24, 30). Ihre Bewohner gründeten dann einen kleinen Staat und aus diesem entstand später das **Römische Reich** – ein riesiges Imperium, das sich von der nördlichen Küste Afrikas bis zu den Britischen Inseln und von Spanien bis zum heutigen Irak erstreckte.

Später zerfiel das Reich und auf der Apenninen-Halbinsel entstanden viele Königreiche, Fürstentümer und Kleinstaaten, die von Deutschen, Italienern, Spaniern, Arabern, Österreichern und Franzosen regiert wurden. Erst vor etwa 150 Jahren vereinten sie sich zu einem Staat. Heute ist Italien eine Republik. Das bedeutet, dass die Einwohner wählen, wer das Land regieren soll. Die Stadt Rom, mit der alles begann, ist heute die Hauptstadt Italiens.

Es lohnt sich, Italien näher kennenzulernen. Machen wir uns also auf die Reise in den Süden! Pack deine Koffer und nimm bequeme Schuhe, eine Karte und etwas Geld mit – in Italien, wie auch in vielen anderen Ländern Europas, bezahlt man mit Euros.

Und was machen wir dort? Wir können uns nach Herzenslust mit Pizza und Spaghetti die Bäuche vollschlagen, eine Gondelfahrt durch Venedig machen, den Schiefen Turm von Pisa hochklettern, gemeinsam mit Michelangelo malen und mit der Fußballnationalmannschaft, den *Azzurri*, Tore schießen. In Italien wird uns bestimmt nicht langweilig.

Buon viaggio! Gute Reise!

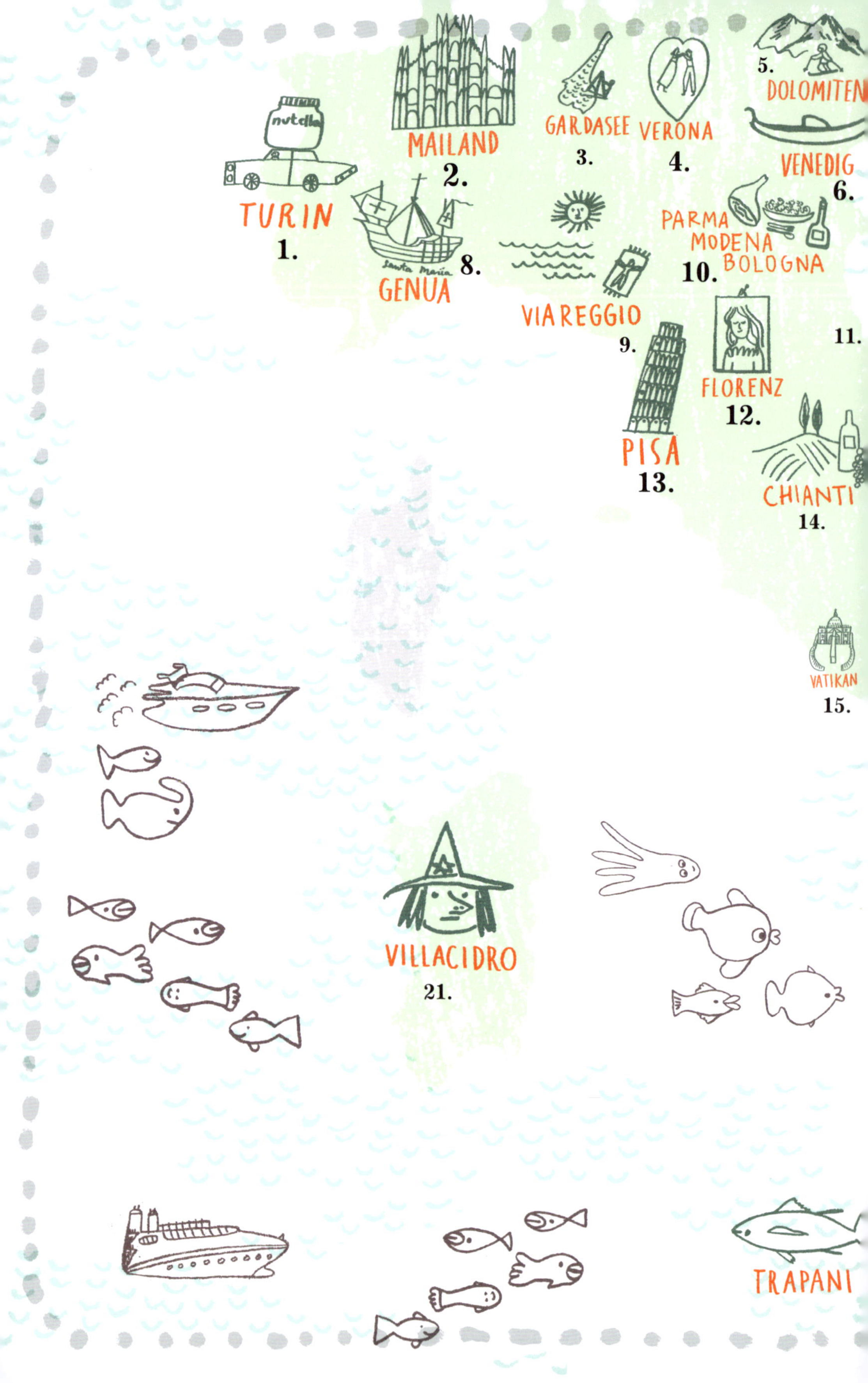
nutella
TURIN
1.
MAILAND
2.
GARDASEE
3.
VERONA
4.
5.
DOLOMITEN
VENEDIG
6.
Santa Maria
8.
GENUA
PARMA
MODENA
BOLOGNA
10.
VIAREGGIO
9.
11.
FLORENZ
12.
PISA
13.
CHIANTI
14.
VATIKAN
15.
VILLACIDRO
21.
TRAPANI

MURANO
7.

SAN MARINO

Italien

Hauptstadt: **Rom**
Fläche: **301.340 km²**
Einwohnerzahl: **60,5 Millionen**
Sprache: **Italienisch**

ABRUZZEN-
NATIONALPARK
17.

ROM
16.

NEAPEL
18.

VESUV
19.

POMPEJI
20.

PALERMO
23.

2.

AGRIGENT
24.

ÄTNA
25.

1.  **Turin** – berühmt für die Nachspeise *Zabaione* und die Automarke Fiat (Seite 45).

2. **Mailand** – die Modehauptstadt; in den Straßen Via Monte Napoleone und Via della Spiga kann man sich von Kopf bis Fuß schick einkleiden (Seite 49).

3.  **Gardasee** – der größte See Italiens; auch bekannt für die Windsurfing-Wettbewerbe, die hier stattfinden.

4.  **Verona** – Pflichtstopp für alle Liebespaare, denn hier haben Romeo und Julia gewohnt (Seite 56).

5.  **Dolomiten** – ein Paradies für Skifahrer. Der höchste Gipfel heißt Marmolata (3.343 Meter über dem Meeresspiegel).

6.  **Venedig** – eine Stadt auf dem Wasser, die einmal im Jahr zum Karneval einlädt (Seiten 58, 62, 64).

7.  **Murano** – sieben durch Brücken miteinander verbundene Inseln in der Nähe von Venedig; die meistgekauften Souvenirs sind Vasen aus sogenanntem Muranoglas.

8.  **Genua** – der Geburtsort des Seefahrers Christoph Kolumbus.

9.  **Viareggio** – ein beliebter Erholungsort am Meer mit breiten Stränden und historischen Hotels.

10.  **Parma, Modena, Bologna** – drei Städte für Feinschmecker; die erste ist für Tortellini und *Ragù alla bolognese* berühmt, die zweite für Balsamessig und die dritte für ihren Schinken, den *Prosciutto di Parma* (Seite 74).

11.  **San Marino** – ein ganz kleiner Staat, in dem es lustig aussehende dreieckige Briefmarken gibt (Seite 33).

12. **Florenz** – Magst du Malerei? In der Kunstsammlung Uffizien kannst du dir die berühmtesten Gemälde der Welt anschauen.

13. **Pisa** – bekannt für einen Turm, der etwas schief geraten ist (Seite 84).

14.  **Chianti**—eine malerische Hügelkette; hier werden Weintrauben angebaut, aus denen der bekannte *Chianti*-Rotwein gemacht wird (Seite 98).

15.  **Vatikan**—der kleinste Staat der Welt; hier wohnt und arbeitet der Papst (Seite 32).

16.  **Rom**—die Hauptstadt Italiens, die der Legende nach vor fast 3.000 Jahren von Romulus gegründet wurde (Seiten 20, 22, 24, 30).

17.  **Abruzzen-Nationalpark**—steile Gipfel, dichte Wälder, malerische Flüsse und wilde Tiere.

18.  **Neapel**—Hier entstand das berühmteste italienische Lied: „'O sole mio!" (Seite 108).

19.  **Vesuv**—einer der gefährlichsten Vulkane der Welt; das letzte Mal brach er 1944 aus (Seite 120).

20.  **Pompeji**—eine antike Stadt, die durch den Ausbruch des Vulkans Vesuv zerstört wurde; es hat über 1.500 Jahre gedauert, bis man sie unter einer dicken Schicht Vulkanasche entdeckte (Seite 120).

21.  **Villacidro**—ein Ort auf der Insel Sardinien; laut Gerüchten von Hexen bewohnt.

22.  **Trapani**—Hier wurde traditionell Thunfisch gefangen.

23. **Palermo**—die Hauptstadt Siziliens; hier kann man auf dem sehr alten Markt Vucciria (es gab ihn schon vor 800 Jahren) Fisch, Obst und Gemüse kaufen.

24. **Agrigent**—2.500 Jahre alte Tempelruinen auf Sizilien.

25. **Ätna**—der höchste aktive Vulkan Europas. Er speit noch heute Lava, die dann aushärtet—deshalb verändert sich von Zeit zu Zeit seine Höhe (ca. 3.330 Meter über dem Meeresspiegel).

Ein Stiefel, der keiner ist

Hast du schon einmal gehört, dass jemand Italien den „Stiefel Europas" genannt hat? Warum wohl? Kontinente tragen ja schließlich keine Schuhe!

Ich kann euch das erklären. Die Leute sprechen nicht von einem richtigen Stiefel, sie verwenden ein sprachliches Bild. Denn schaut man sich Italien auf einer Landkarte an, erinnert die Form an einen Stiefel: Der längliche Teil, die Apenninen-Halbinsel, sieht aus wie der Schaft, die kleine Halbinsel Gargano wie der Sporn, die Landzunge im Süd-osten wie der Absatz und die Landzunge neben der Insel Sizilien wie die Stiefelspitze.

Wäre das ein echter Schuh, würde man ihn wohl lieber nicht anziehen. Er würde einfach komisch aussehen, schon allein wegen der drei Wasserflecken oben. Das sind die größten Seen Italiens: der Lago Maggiore, der Comer See und der Gardasee. Etwas unterhalb hat der Stiefel einen langen Riss, das ist der Fluss Po, der 652 Kilometer lang ist. Und außer-dem sieht man entlang des Schafts eigenartige Wölbungen, als ob dort bald Löcher im Leder entstehen würden; das sind die Apenninen.

Italien ist in 20 Regionen aufgeteilt. In Nord- und Mittelitalien, zum Beispiel in der Lombardei, in Ligurien oder in der Toskana, gibt es viele Fabriken und Bergwerke, in denen Marmor und Erze abgebaut werden. Viele der Menschen in den südlicheren Regionen wie Kampanien oder Kalabrien leben dagegen von der Landwirtschaft. Einige Landesteile sind gebirgig, wie das an Frankreich grenzende Piemont; andere etwas flacher wie die Region Latium, deren größte Stadt Rom ist. In wiederum anderen kann man malerische Buchten und Strände besuchen, zum Beispiel in Apulien mit seiner felsigen Küste.

Nur die Inseln Sizilien und Sardinien tanzen aus der Reihe, denn sie bilden keinen Teil des Stiefels.

Zu Italien gehören viele Inseln. Die größte von ihnen ist Sizilien, berühmt für saftige Orangen und starken Kaffee. Die malerische Insel Capri (man gelangt von Neapel aus mit einer Fähre dorthin) ist ein beliebter Urlaubsort von Hollywood-stars. Nur einen Katzen-sprung von Afrika entfernt liegt die südlichste italie-nische Insel Lampedusa.

Parli italiano?

Wenn sich die Bewohner verschiedener italienischer Regionen unterhalten, ist das manchmal etwas kompliziert. Wie sollen sie sich auch verständigen, wenn der Mailänder zu einer Wassermelone *anguria* sagt und der Sizilianer *melone d'acqua*?

Aber warum verstehen sich die Italiener so schlecht, obwohl sie in ein und demselben Land leben? Wie du bereits weißt, gab es vor der Entstehung Italiens auf der Apenninen-Halbinsel jede Menge Königreiche, Fürstentümer und Republiken. Die Sprachen, die dort gesprochen wurden, stammten von Latein ab (der Sprache der alten Römer), aber sie unterschieden sich sehr voneinander. In den Regionen in der Nähe der Alpen klangen sie ein bisschen wie Deutsch, denn von dort aus hatte man es nicht mehr weit zu den nördlichen Nachbarn. Im Süden hörten sie sich eher an wie Spanisch (weil dort eine Zeit lang die Spanier regiert hatten), Griechisch (weil man mit Griechenland Handel betrieb) oder Arabisch (weil die Araber aus dem nahe gelegenen Afrika sich in diesen Regionen niederließen). Eine gemeinsame Grammatik und einen einheitlichen Wortschatz gibt es erst seit Anfang des 17. Jahrhunderts.

Doch welche Sprache wählten die Italiener als Grundlage für eine einheitliche Sprache? Sie entschieden sich für das Italienisch, das die gebildeten Bewohner von **Florenz** sprachen, denn aus dieser Stadt kamen viele berühmte Schriftsteller, zum Beispiel **Dante**, **Petrarca** und **Boccaccio**. Aber in ihrem Alltag verwendeten die Leute weiterhin die für ihre Gegend typischen Ausdrücke.

Dies hat sich seitdem kaum geändert. In den Schulen, bei der Arbeit, im Fernsehen und in den Zeitungen benutzen die Italiener die offizielle italienische Sprache, aber zu Hause verwenden sie oft Wörter, die man nur in ihren Heimatorten versteht. Diese verschiedenen Sprachen nennt man Dialekte und es gibt in Italien geschätzt 34 davon!

Nicht nur die Wassermelone hat in Italien je nach Region einen anderen Namen. *Mela* (Apfel) ist für einen Sizilianer *pumu* und für die Bewohner Sardiniens *melasa*. Die Karotte (*carota* auf Italienisch) heißt in Neapel *pastenaca* und *mangiare* (essen) wird in Rom zu *magnà* abgekürzt.

DIE ENGELSBURG

DER VATIKAN

Petersplatz

DIE PIAZZA NAVONA

DER TIBER

Stadtkarte von Rom

TRASTEVERE

DIE SPANISCHE TREPPE

DER TREVI-BRUNNEN

DAS NATIONALDENKMAL FÜR VIKTOR EMANUEL II.

DAS
FORUM
ROMANUM

DAS
PANTHEON

DAS KOLOSSEUM

Alle Wege führen nach Rom

Wenn man sagen will, dass es viele Lösungen für ein und dasselbe Problem gibt, verwendet man oft das Sprichwort: „Alle Wege führen nach Rom." Aber warum ausgerechnet Rom und nicht Berlin, Paris oder Wien?

Vor 2.000 Jahren lag das Gebiet, das wir heute als Italien kennen, im Zentrum des **Römischen Reiches** – eines riesigen Staates, zu dem fast ganz Europa und außerdem Teile Afrikas und des Nahen Ostens gehörten. Die Hauptstadt Rom galt damals als die wichtigste Stadt der Welt.

Um dieses riesige Gebiet besser kontrollieren zu können, Informationen schneller zu übermitteln und den Händlern den Transport ihrer Waren zu erleichtern, erbauten die Römer ein großes Straßennetz aus gepflasterten Wegen – insgesamt über 80.000 Kilometer lang. Viele Strecken dieser antiken „Autobahnen" gibt es noch heute.

Die größten dieser Wege waren bis zu 15 Meter breit, die meisten jedoch nicht mehr als fünf Meter. An den Hauptrouten gab es Fußgängerwege, Gasthäuser und Poststationen.
An einige Stellen hatte man sogar große Steine gelegt, damit die Reisenden leichter auf ihre Wagen aufsteigen konnten.

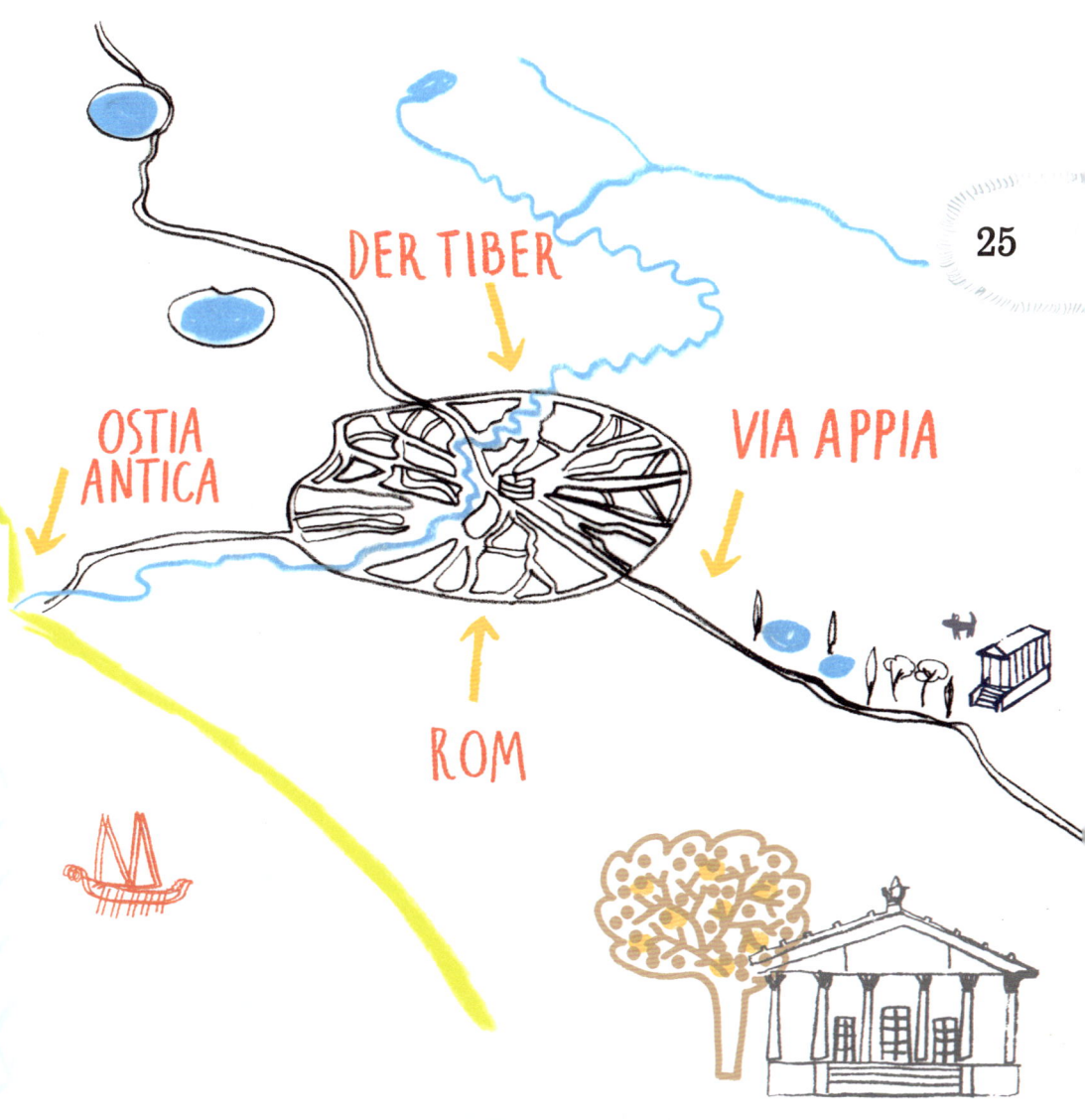

DER TIBER

OSTIA ANTICA

VIA APPIA

ROM

Zu den wichtigsten Straßen gehörten die **Via Appia**, die im Süden der Apenninen-Halbinsel begann, die **Via Flaminia**, welche die Hauptstadt mit dem Norden verband, und die **Via Salaria** (die Salzstraße), über die man Salz aus dem Adriatischen Meer transportierte. Diese Straßen und alle anderen Wege mündeten im Forum Romanum – dem Hauptplatz der Stadt Rom. Egal wo die Reise begann, man kam letztendlich immer in Rom an.

Ein wichtiges Ereignis, das zu großen Veränderungen führt, nennt man manchmal einen „Meilenstein". Die Entdeckung des Rads war zum Beispiel ein echter Meilenstein in der Menschheitsgeschichte. Aber woher kommt das Wort? Im Römischen Reich gab es an den Wegen Säulen, an denen die Reisenden ablesen konnten, wie viele Kilometer sie von Rom (auf der Apenninen-Halbinsel) oder von der nächstgelegenen größeren Stadt (im restlichen Teil des Römischen Reiches) entfernt waren. Der Abstand dieser Säulen voneinander betrug genau 1.478,5 Meter – das war in Rom eine Meile. Heute lesen wir Entfernungen auf Straßenschildern, die Meilensteine hatten die gleiche Funktion. Der wichtigste Meilenstein stand damals am Forum Romanum. Man nannte ihn den „Goldenen Meilenstein", denn diese Säule war rundum vergoldet. Der Goldene Meilenstein war der Ausgangspunkt für die Messung aller Entfernungen auf den anderen Steinen.

27

Der römische Koloss

Wir befinden uns mitten in der Hauptstadt Italiens und es sieht ganz schön chaotisch aus: umgestürzte Säulen, Fundamente und Teile von Wänden, die aus dem Boden herausragen. Ist das eine Baustelle? Oder hat hier vielleicht ein Wirbelsturm gewütet? Nein, natürlich nicht. Das alles sind die Überreste des **Forum Romanum**. Das war der wichtigste Platz im antiken Rom.

Früher gab es kein Internet, keine Zeitungen und kein Fernsehen. Um zu erfahren, was Neues passiert ist, gingen die Menschen stattdessen auf den Markt. Sie tauschten sich bei einem Spaziergang im Schatten der Tempel und Paläste aus. Außerdem gab es eine Rednerbühne, auf der Politiker ihre Ansprachen hielten. Viele Gebäude damals waren riesig und hatten zahlreiche Verzierungen.

Die meisten dieser Gebäude gibt es heute nicht mehr, aber in der Nähe des Forum Romanum gibt es zumindest eines, das man sich jetzt noch anschauen kann – das **Kolosseum**.

Das Kolosseum ist eine Art antikes Stadion, auch Amphitheater genannt. Fußball wurde dort allerdings noch nicht gespielt. Stattdessen besuchte man das Kolosseum, um sich Jagden auf wilde Tiere, sogenannte Tierhetzen, oder Kämpfe zwischen Sklaven anzusehen, die Gladiatoren genannt wurden. Manchmal wurde die Arena sogar mit Wasser geflutet und die alten Römer konnten sich dort nachgestellte Seeschlachten anschauen.

In der Nähe des Amphitheaters stand damals eine Statue, die den **Kaiser Nero** darstellte. Weil sie sehr groß war, bezeichnete man sie als Koloss.

Und das Kolosseum wiederum verdankt seinen Namen dieser Statue. Im Kolosseum fanden etwa 50.000 Schaulustige Platz und es hatte 80 Eingänge!

GLADIATOREN

Im Untergrund befanden sich Lagerräume, Tierkäfige, spezielle Durchgänge und alle möglichen Geräte, die man in der Arena brauchte. Bei starker Hitze oder bei Regen konnte ein riesiges wasserdichtes Leinendach aufgezogen werden, das den Zuschauern Schatten spendete oder sie vor Nässe schützte.

Das römische Amphitheater war nicht immer so mausgrau wie jetzt. Früher war es mit weißem Marmor verkleidet und die Löcher, die man in den Wänden sieht, stammen von eisernen Haken, die den Marmor zusammen-hielten. Vor etwa 500 Jahren wurde der kostbare Marmor entfernt und unter anderem für den Bau des Petersdoms verwendet (Seite 32). Vor Kurzem machte man im Kolos-seum eine Entdeckung: eine Wand mit bunten Fresken. Ein Fresko ist eine Wandmalerei, die man auf nassem Kalkputz aufträgt.

Rom entstand der Legende nach 753 vor Christus. Der Gründer der Stadt hieß **Romulus**. Er gab der Stadt auch ihren Namen: Sie hieß auf Lateinisch ***Roma*** und die Italiener nennen sie heute noch so. Man sagt, dass Romulus und sein Bruder Remus von einer Wölfin aufgezogen wurden, die auch heute noch das Symbol von Rom ist. Eine Statue von ihr findest du in einem Museum, das sich auf dem **Kapitol**, einem Hügel oberhalb des Forum Romanum, befindet.

Romulus & Remus

KOLOSSEUM

Der kleinste Staat der Welt

Wenn du in Rom bist, solltest du unbedingt den **Petersdom** besuchen, eine der größten Kirchen der Welt. Um auf die Kuppel zu klettern, musst du dich aber zuerst in einer Schlange anstellen, um dein Gepäck durchleuchten zu lassen. Danach fährst du ein paar Etagen mit dem Fahrstuhl und anschließend musst du noch eine enge und gewundene Treppe mit 320 Stufen hochlaufen – puh, ganz schön anstrengend! Aber die Aussicht ist wirklich einmalig. Du blickst auf ein Meer von roten Dächern, einen riesigen Platz, umgeben von Säulengängen, und auf wunderschöne Gärten mit Pinienbäumen und Zypressen. Aber Moment mal … Warum sind der Dom und die Gärten von einer Mauer umgeben? Früher waren Städte meist von Mauern umschlossen. Aber was macht eine Mauer heute mitten in der Stadt?

Die Mauer steht hier, weil wir gar nicht mehr in Rom sind. Wir befinden uns in einem kleinen Staat, genannt **Vatikanstadt** oder **Vatikan**. Obwohl der Vatikan in Italien liegt, ist er ein unabhängiger Staat. Er hat seine eigene Post, ein eigenes Radio, eine Fernsehstation, eine Zeitung, eine

In Italien befindet sich noch ein Kleinstaat – **San Marino**, die älteste Republik der Welt. Sie wurde im Jahr 301 von einem Steinmetz, dem heiligen Marinus (*San Marino* auf Italienisch) gegründet.

In der Republik gibt es dreieckige Briefmarken, die bei Briefmarken-sammlern sehr begehrt sind.

PETERSDOM

Feuerwehr, eine Tankstelle und eine Gendarmerie (eine Art von Polizei) und sogar einen kleinen Bahnhof. Die Einwohner sind vor allem Priester und Nonnen.

Der Vatikan ist der kleinste Staat der Welt – du kannst ihn in einer Stunde umrunden! Der Name kommt auch aus dem Lateinischen und setzt sich aus den Wörtern *vaticinius* (der Weissager) und *cantare* (singen) zusammen. *Vaticanus* bedeutete wahrscheinlich „Ort der Wahrsager". Vielleicht kamen die Menschen in der Antike hierher, um sich die Zukunft vorhersagen zu lassen. Heute besuchen Katholiken aus ganzer Welt Vatikanstadt, um im Petersdom zu beten und den Papst zu sehen.

VATIKAN

Ein Gemälde sorgt für Aufregung

Wenn ein Papst stirbt, versammeln sich im Vatikan (Seite 32) die Kardinäle (die höchsten Würdenträger der katholischen Kirche) aus der ganzen Welt, um einen Nachfolger zu wählen. Die Abstimmung findet in der **Sixtinischen Kapelle** statt, die direkt neben dem Petersdom steht. Die über 500 Jahre alte Kapelle heißt so, weil sie als private Gebetsstätte für **Papst Sixtus IV.** erbaut wurde. Sie ist berühmt für Michelangelos Fresken.

Michelangelo war ein Maler, der überhaupt nicht gern gemalt hat, sondern viel lieber als Bildhauer arbeiten wollte. Als er von **Papst Julius II**. den Auftrag erhielt, das Gewölbe der Kapelle zu bemalen, versuchte er, sich irgendwie herauszureden. Aber der Papst gab nicht nach und Michelangelo blieb nichts anderes übrig, als sich an die Arbeit zu machen. Er konnte zu einer so wichtigen Persönlichkeit schließlich nicht Nein sagen.

Wenn du dir sein Meisterwerk anschaust, fällt dir vielleicht zuerst auf, dass alle seine Figuren sehr stark und muskulös aussehen. Die Abbildung erzählt die Geschichte der Menschheit wie sie die katholische Kirche damals sah: von der Schöpfung der Welt bis zur Sintflut. Obwohl Michelangelo viele

Helfer hatte, hat er vier Jahre für das Bild gebraucht! Er malte auf dem Rücken liegend. Zwanzig Jahre später erhielt er noch einen Auftrag, diesmal von **Papst Clemens XVII**. Er sollte über dem Altar, auf der Hauptwand der Sixtinischen Kapelle, das Jüngste Gericht malen. Man stellte sich damals vor, dass Gott am Ende der Welt eine Art Gericht hält und entscheidet, was mit den Menschen geschehen soll. Und wieder musste die Bildhauerei warten. Auf dem Fresko ist Jesus übrigens ohne Bart abgebildet–das ist eine Seltenheit.

Das Gemälde sorgte für Aufregung. Einigen gefiel es, weil die gemalten Menschen aussahen, als seien sie lebendig. Andere fanden es nicht gut, in einer Kirche so viele nackte Menschen zu sehen.

Außerdem geht es auf dem Fresko ganz schön chaotisch zu. Wenn Michelangelo sehen würde, wie sehr sein Meisterwerk heute bewundert wird, wäre er sicher ziemlich erstaunt!

Michelangelo bewunderte den menschlichen Körper und verbrachte viele Jahre damit, ihn genau zu untersuchen und zu verstehen. Obwohl das damals verboten war, führte er manchmal sogar heimlich Autopsien durch, das heißt, dass er die Körper von Toten aufschnitt, um zu sehen, wie Knochen und Muskeln aussehen. Er war einfach sehr neugierig und deshalb sind ihm die Menschen auf seinen Gemälden auch so gut gelungen. Aber nicht allen gefiel das damals. Einige Jahre später beschloss **Papst Paul IV.**, dass so viele nackte Körper nicht in die Kapelle gehören und gab den Auftrag, ihnen Lendentücher aufzumalen. Die Änderungen wurden von **Daniele da Volterra** durchgeführt, der deshalb unter dem Spottnamen „Hosenmaler" bekannt wurde. Erst vor Kurzem entfernte man einige dieser Lendentücher wieder.

Ein Filmstar

Auf der Leinwand sehen wir einen Mann und eine Frau: Sie trägt ein schwarzes Abendkleid, er einen schicken Anzug. Sie laufen durch Rom, mitten in der Nacht. Die Frau findet plötzlich eine Katze und bittet den Mann, Milch für sie zu holen. Während sie auf den Mann wartet, spaziert sie weiter durch die engen Gassen und kommt bald an einen kleinen Platz mit einem großen, wunderschönen Springbrunnen. Die Frau steigt einfach so hinein ins Wasser und als der Mann wieder auftaucht, ruft sie ihm zu, sich ihr anzuschließen.

Diese Badeszene ist in die Filmgeschichte eingegangen. Sie wurde vor fast 60 Jahren von dem Regisseur **Federico Fellini** gedreht. Der Film heißt ***La dolce vita*** und in den Hauptrollen spielten die damals sehr bekannten Schauspieler **Anita Ekberg** und **Marcello Mastroianni** – und der **Trevi-Brunnen**.

Der Brunnen liegt etwas versteckt – man läuft eine Gasse entlang und steht plötzlich vor ihm. Er ist so riesig, dass er fast den gesamten Platz einnimmt. In seiner Mitte ist eine Skulptur, die den römischen Gott des Meeres Neptun auf einem muschelförmigen Streitwagen darstellt, der von

Hippokampen gezogen wird. Das sind Fabelwesen, die vorn wie ein Pferd und hinten wie ein Fisch aussehen. Eines der Tiere scheint ganz ruhig zu sein, das andere bäumt sich auf. Der Wagen fährt auf den Rand einer felsigen Küste zu und es scheint, als ob er bald ins Wasser stürzen würde.

Wenn du eine Münze in den Brunnen wirfst, wirst du nach Rom zurückkehren – das sagt man zumindest – und es soll natürlich Glück bringen. Deshalb tummeln sich auf dem Platz sehr viele Touristen und auf dem Grund des Trevi-Brunnens sammelt sich immer wieder ein kleiner Schatz an. Für Diebe ist das eine leichte Beute, einige versuchen in der Nacht, die Münzen mit Netzen aus dem Brunnen herauszuholen. Die Leute, die für die Sauberkeit der Stadt Rom zuständig sind, versuchen das zu verhindern. Das Geld wird regelmäßig eingesammelt und für wohltätige Zwecke gespendet.

Komm aber bloß nicht auf die Idee, die Helden aus dem Film nachzumachen – das Betreten des Brunnens ist streng verboten. Mit einer Ausnahme: Als Italien 2006 die Fußballweltmeisterschaft gewann (Seite 118), sprangen viele Fußballfans vor Freude in den Brunnen. Die Polizei drückte ein Auge zu und ließ die ausgelassenen Fans weiter feiern.

42

Aber nicht nur den Trevi-Brunnen musst du dir in Rom anschauen, sondern auch den **Vierströme-brunnen** auf der **Piazza Navona**. Riesige Männerfiguren sollen wichtige Flüsse der vier damals bekannten Erdteile darstellen: den Nil, die Donau, den Río de la Plata und den Ganges.

Es gibt natürlich noch mehr Brunnen in Rom. Im Zentrum der Stadt, am Fuße der berühmten **Spanischen Treppe**, kannst du den sogenannten **Barkassen-Brunnen** (die **Fontana della Barcaccia**) bewundern, in dessen Mitte ein halb versunkenes Boot zu sehen ist. Inspiriert wurde der Künstler vor über 400 Jahren von einem Fischerboot, das vom Fluss Tiber aus bei einer Flut auf den Platz gespült worden sein soll.

43

Schokolade auf dem Brot

Wenn zwei in einen Wettbewerb treten, können tolle Sachen dabei herauskommen. Vor fast 80 Jahren waren die Italiener neidisch auf die amerikanische Erdnussbutter. So beschloss der italienische Konditor **Pietro Ferrero**, sich eine ähnliche Leckerei auszudenken. Er vermischte Haselnüsse aus der Region, Zucker und etwas Kakao und nannte diesen neuen Brotaufstrich *pasta gianduja*. Später gründete Pietro mit seinem Bruder Giovanni die Firma Ferrero und 1964 gab man hier dem Aufstrich den Namen Nutella. Er besteht aus dem englischen Wort *nut* (Nuss) und der melodischen italienischen Endung *-ella*.

Das Piemont solltest du aber nicht nur wegen der Leckereien besuchen, sondern auch wenn du Autos magst: Vor über 100 Jahren verließ zum ersten Mal ein Fiat die Turiner Fabrik. Die ersten Modelle dieser Autos kann man hier in einem Automuseum bewundern. Und im Turiner Dom kannst du dir außerdem das Turiner Grabtuch anschauen. Das ist ein Leinentuch, von dem manche sagen, der Körper von Jesus sei darin begraben worden.

45

Aus dem **Piemont** stammen aber noch mehr süße Sachen. Zum Beispiel die Nachspeise *Zabaione*, eine Schaumcreme, die aus Eigelb, dem Likörwein Marsala und Zucker gemacht wird. Und in **Turin**, der Hauptstadt des Piemonts wurde vor 150 Jahren der Nugat erfunden. Aber vielleicht kann man gar nicht „erfinden" sagen, denn er ist eigentlich durch einen Zufall entstanden: Eines Tages ging beim Schokoladenhersteller **Caffarel** der Kakao aus. Man kam dort also auf die Idee, die Reste des braunen Pulvers zur Hälfte mit geriebenen Haselnüssen zu mischen. Aus der Masse formte man dann kleine dreieckige Pralinen und wickelte sie in Goldfolie ein. Caffarel nannte sie *Gianduiotti* (ausgesprochen Dschiandujotti) nach Gianduja, einem Spaßmacher aus der *Commedia dell'arte* (Seite 126).

Und vielleicht hast du schon mal *Grissini* gegessen? Diese Knabberstangen aus Hefeteig kommen auch aus der Region Piemont. Es soll sie seit über 300 Jahren geben. Sie wurden damals der Legende nach für einen Herzog erfunden, der **Viktor Amadeus II.** hieß. Der Herzog hatte Schwierigkeiten mit der Verdauung und sein Arzt empfahl ihm, Brotrinden zu essen. Aber ein Herzog, der nur Brotrinden zu sich nimmt? **Antonio Brunero**, der Hofbäcker von Viktor Amadeus II., fand eine elegantere Lösung und backte die knusprigen Brotstangen.

Das doppelte G

GUCCIO GUCCI

Hast du schon mal Schuhe, eine Handtasche, einen Schal oder eine Brille mit zwei ineinander verschlungenen „G" gesehen? Das sind die Initialen eines Mannes, der vor knapp 100 Jahren in Florenz eines der berühmtesten Unternehmen der Welt gegründet hat. Sein Name war **Guccio Gucci**.

Als kleiner Junge half er seinem Vater, der als Hutmacher arbeitete. Doch Hüte anzufertigen gefiel ihm ganz und gar nicht. Abends verbrachte er seine Zeit oft vor dem exklusiven Hotel Principe di Savoia und beobachtete voller Bewunderung den elegant gekleideten Portier.

Irgendwann nahm er all seinen Mut zusammen und fragte ihn: „Was muss ich tun, um auch Portier zu werden?"

„Versuche es beim Savoy Hotel in London", antwortete der Portier knapp.

Es vergingen einige Jahre, bis Guccio sich seinen Traum erfüllen konnte. Er reiste nach London, suchte das Savoy Hotel auf und sagte dem dortigen Portier, dass er gern

Portier werden wollte. Der schickte ihn weg, aber Guccio kam jeden Tag hartnäckig wieder und bat um Arbeit. Nach einem Monat sagte der Hotelleiter zu ihm: „Du könntest Geschirr abwaschen."

Guccio war pflichtbewusst und wurde schnell befördert – bald durfte er die Schuhe der reichen Touristen putzen. „Sie haben elegante Halbschuhe aus Leder und riesengroße Koffer", schrieb er in einem Brief an seine Eltern. „Eines Tages werde ich solche Koffer verkaufen", beschloss er. Aber erst einmal kehrte er in seine Heimatstadt Florenz zurück und heiratete. Er nahm jede Arbeit an, um seine Familie zu ernähren – er war Chauffeur, Koch, Schmied, Kurier. Er sparte, wo er nur konnte, und es vergingen einige Jahre, bis er sein erstes eigenes Geschäft eröffnete. Doch dann ließ der Erfolg nicht lange auf sich warten, denn seine Koffer waren elegant, praktisch und sehr stabil. Das Geschäft lief wie geschmiert und deshalb begann er, auch Ledertaschen, Schuhe und Kleidung herzustellen. Zu seinen Kunden gehörten bald berühmte Schauspieler und Schauspielerinnen und sogar Könige und Königinnen. Und so ist es bis heute geblieben. Wahrscheinlich besitzt fast jeder Hollywoodstar eine Handtasche oder eine Brille von Gucci.

49

Modefans fahren gern zum Einkaufsbummel nach Mailand, in die italienische Hauptstadt der Mode. Die Straßen mit den exklusivsten Adressen der Stadt sind die **Via Monte Napoleone** und die **Via della Spiga** – hier findet man Geschäfte von berühmten Designern wie Armani, Prada oder Valentino.

LUIGI BEZZERA

Espresso

Wer macht den besten Kaffee der Welt? Die Italiener natürlich! Aber ohne einen ziemlich unzufriedenen Chef würde es den typischen Espresso heute gar nicht geben.

Die Geschichte um ihn ereignete sich vor 100 Jahren in Mailand. **Luigi Bezzera** hatte eine Fabrik und stellte dies und jenes her, aber das Geschäft lief nicht besonders gut. Er dachte lange darüber nach, was er besser machen könnte und fragte sich, ob an allem womöglich die lange Kaffeepause Schuld sei. Würde er mehr Gewinne machen, wenn die Arbeiter nicht so lange Kaffee trinken würden? Es gab für ihn nur eine Lösung: Eine schnellere Maschine zum Kaffeekochen musste her.

Luigi krempelte die Ärmel hoch und machte sich an die Arbeit. Bald konnte er der Welt seine Erfindung präsentieren: den Tipo Gigante. Die Kaffeemaschine war groß und etwas sperrig, aber sie erfüllte Luigis Hoffnungen (obwohl die Arbeiter mit Sicherheit weniger begeistert waren). Die Zeit für das Kaffeekochen wurde um die Hälfte verkürzt und Bezzera ging in die Geschichte ein als der Vater der modernen Kaffeemaschine. Und damit entstand auch der *Espresso*, denn so nannte man das Getränk, das man in der neuen Maschine zubereiten konnte. Wenn die Italiener heutzutage einen Espresso bestellen, nennen sie ihn allerdings selten bei diesem Namen. Normalerweise sagen sie einfach **un caffè**, also „einen Kaffee".

Espresso ist sehr stark und man trinkt ihn aus ganz kleinen Tassen, weil die meisten Menschen mehr davon einfach nicht gut vertragen würden. Normalerweise bekommt man im Café ein Glas Wasser dazu gereicht. Ein gut zubereiteter Espresso hat obendrauf einen dichten, braunen Schaum, der **crema** heißt.

52

CAFFÈ LATTE

Espresso mit Milch oder Milchschaum.

CAPPUCCINO

starker Espresso mit Milchschaum.

LATTE MACCHIATO

bedeutet wörtlich „fleckige Milch" (von **macchia**, Fleck), das heißt Milch mit ein bisschen Espresso.

RISTRETTO

eine stärkere Version des Espresso.
Bei der Zubereitung wird halb so viel Wasser verwendet.

TIPO GIGANTE

Eine millionenteure Geige

David Garrett ist einer der besten Geiger der Welt. Vor einigen Jahren passierte ihm ein Missgeschick. Als er nach einem Konzert von der Bühne hinunterstieg, stolperte er und stürzte auf seine Geige. Sie zerbrach in viele Stücke.

„Ich habe meine beste Freundin verloren", sagte der Geiger damals und hatte dabei Tränen in den Augen. Die Nachricht über dieses Unglück ging um die Welt.

Aber was war an der Geige so besonders? Sie war vor fast 250 Jahren gebaut worden und ihr Klang war noch immer absolut vollkommen. Hätte David sie verkauft, hätte er sich von dem Geld einen ganzen Palast leisten können, denn sie war eine Million Dollar wert! Gebaut hatte sie ein Handwerker aus Italien, der **Giovanni Battista Guadagnini** hieß. Er gilt als einer der begabtesten Geigenbauer, die jemals gelebt haben.

David hatte Glück: Die Geige ließ sich reparieren, aber das dauerte viele Monate! Seit einigen Jahren nun spielt er trotzdem auf einem anderen Instrument. Es gab nämlich einen sogar noch berühmteren Geigenbauer in Italien:

NICCOLÒ
PAGANINI

Er hieß **Antonio Stradivari** und
seine gleichnamigen Geigen
sind ebenfalls ein Vermögen wert.

Worin besteht das Geheimnis dieser
Geigen? Früher glaubten einige
Leute, dass Stradivari Zaubersprüche
benutzte, damit die Geigen schöner
spielten. Aber das Ganze lässt sich
viel einfacher erklären. Zum einen
war Antonio in seiner Jugend wahrscheinlich Schüler des Geigenbauers
Nicola Amati gewesen und hatte
von ihm gelernt, den Instrumenten
eine ideale Form zu geben. Zum
anderen benutzte er für die Geigen
ein ganz besonderes Holz.
Dieses soll von Bäumen stammen,
die während der Kleinen Eiszeit
gewachsen sind. So nannte man
eine Zeit von etwas mehr als
400 Jahren zwischen dem 15. und
19. Jahrhundert, in der das Klima
auf der Erde recht kalt war. Das
Holz war dadurch fester und halt-
barer. Eine der berühmtesten
Geigen mit dem Namen Messiah
kann man im Ashmolean Museum
in England bewundern.

55

Stradivari baute hochklassige Geigen
und ein anderer hochbegabter
Italiener, **Niccolò Paganini**, der vor
etwa 200 Jahren gelebt hat,
spielte meisterhaft auf ihnen. Einige
Leute sagten, er verfüge über eine
übernatürliche Begabung, denn er
konnte die Zuhörer mit seinem Spiel
auf unvergleichliche Art mitreißen.
Doch eigentlich war dies das
Ergebnis sehr harter Arbeit – Niccolò
hatte bereits als kleiner Junge mit
dem Üben angefangen. Außerdem
waren seine Finger ungewöhnlich
lang, was ihm das Spiel erleichterte,
und er hielt die Geige zwischen
Kinn und Schlüsselbein nach vorn
und nicht seitlich wie sonst üblich.

Die größte Liebe aller Zeiten

Im Innenhof des alten Palastes mit der Nummer 23 in der **Via Cappello** drängt sich eine Menschenmenge. Vom Balkon des Hauses winken Frauen Männern mit Fotoapparaten zu. Viele träumen davon, hier gefragt zu werden, ob sie ihren Liebsten oder ihre Liebste heiraten möchten. Warum in einem solchen Gedränge? Und warum ausgerechnet unter diesem Balkon?

An all dem ist ein gewisser **William Shakespeare** schuld, der vor mehr als 400 Jahren ein Theaterstück über die große Liebe zwischen Romeo und Julia geschrieben hat. Die Geschichte spielt in Verona und bewegt viele Menschen bis heute. Und manche besuchen die Stadt ihrer Lieblingsfiguren sogar.

Der Palast in der Via Cappello hat sich einmal im Besitz der Cappello-Familie befunden. Die Einwohner von Verona brachten diesen Nachnamen mit Julias Nachnamen – Capulet – in Verbindung. So kamen sie zu dem Schluss, dass der Palast ihr Wohnort gewesen sein musste.

Romeo und Julia lernten sich eines Tages auf einem Ball
kennen. Es war Liebe auf den ersten Blick. Aber es gab ein
Problem: Ihre Familien konnten sich nicht leiden, obwohl
keiner mehr wusste, seit wann es den Streit gab und warum.
Die Eltern von Romeo und Julia erlaubten ihnen nicht,
sich zu sehen, und alles endete schließlich mit einem Unglück.
Ich werde dir die Einzelheiten noch nicht verraten, denn
irgendwann wirst du dir das Stück bestimmt selbst anschauen.
Die Zuschauer sollten von dem Stück jedenfalls lernen, dass
Streitigkeiten zu nichts Gutem führen.

Wenn du einmal das Haus auf der Via Capello besuchst,
solltest du dir unbedingt die Statue des jungen Mädchens
anschauen, das unter dem Balkon steht, und ihre Brust
berühren. Angeblich bringt das Glück in der Liebe. Danach
kannst du dir noch Romeos Haus anschauen. Es liegt nicht
weit entfernt, in der **Via Arche Scaligere** Nummer 2–4,
aber leider kann man nicht hineingehen. Du erkennst es
an einem unauffälligen Schild, auf dem steht: „Warum bist
du Romeo?" Das ist eine Zeile aus Shakespeares Stück.

Schwimmende Limousinen

Venedig ist eine ziemlich ungewöhnliche Stadt. Statt Straßen gibt es hier Kanäle, statt Zebrastreifen Brücken und statt Autos Boote. Und das alles, weil die Stadt auf 118 Inseln gebaut wurde, die durch Brücken verbunden sind.

Die Paläste, Geschäfte und Werkstätten der Stadt werden von Millionen von Holzpfählen gestützt. In Venedig gibt es niemals Stau, denn die Einwohner gehen überall zu Fuß hin oder nehmen den *Vaporetto*, den Wasserbus. Es sei denn, sie gehen auf einen Ball oder in die Oper–dann leisten sie sich eine elegante Gondel.

Die Gondel ist sozusagen die Limousine unter den Booten und es gibt auch einen Chauffeur. Man nennt ihn *Gondoliere* und er trägt meist ein gestreiftes Hemd und einen Strohhut. Er benutzt ein einziges Ruder, das fest am Steuerbord (auf der rechten Seite der Boots) befestigt ist. Das Boot schwimmt trotzdem gerade. Wie ist das denn möglich? Das Backbord (die linke Seite) ist höher und deshalb ist das Boot leicht geneigt und will immer nach rechts schwimmen. Stößt sich der Gondoliere also mit dem Ruder auf der rechten Seite ab, schwimmt es genau geradeaus.

Die Gondel hat eine Schwester. Ein *Traghetto* ist eine Gondel ohne gepolsterte Sitze. Die Passagiere bleiben während der Überquerung stehen. Es haben höchstens acht Personen an Deck Platz und die Strecke ist sehr kurz: von einem Ufer des **Canale Grande**–des größten Kanals Venedigs–zum anderen.

Und noch ein Rätsel: Der Gondoliere steht auf dem Hinter-
deck, aber das Boot kippt nicht um. Warum? Der Bug ist
mit schwerem Eisen beschlagen, so ist das Gewicht wieder
ausgeglichen.

Die Gondeln sehen zerbrechlich aus, sind aber erstaunlicher-
weise sehr stabil. Sie sind aus verschiedenen Holzarten
und 280 Einzelteilen gebaut. Zu ihrer Ausstattung gehören
bequeme, mit rotem Samt überzogene Sitze. Der Rest
der Boote ist traditionsgemäß schwarz. Das ist so, weil die
Gondeln früher mit Teer abgedichtet wurden.

Gummistiefel bei Hochwasser

Gummistiefel in Italien? Unmöglich! Scheint hier nicht immer die Sonne? Meistens schon. Doch in Venedig sollte man im Herbst und Winter niemals ohne Gummistiefel aus dem Haus gehen. Nicht, weil es so viel regnet, sondern weil dann oft das Meer sehr schnell ansteigt – manchmal um anderthalb Meter – und die ganze Stadt überschwemmt. Morgens ertönen dann die Sirenen und warnen vor ***acqua alta***, dem Hochwasser.

Das Meer dringt bis zum **Markusplatz** vor, in die Häuser und Geschäfte. Die Vaporetti müssen ihren Kurs ändern, denn sie passen unter einigen Brücken nicht mehr durch. Auf den Hauptstraßen und Plätzen werden spezielle Stege angebracht, damit man keine nassen Füße bekommt. Aber wer etwas in den kleineren Seitenstraßen zu erledigen hat, muss Gummistiefel anziehen. In Gummistiefeln trinkt man Espresso oder geht ins Kino. Keiner wundert sich über Geschäftsleute, die zu ihren Anzügen hohe Gummistiefel tragen. Im Herbst und Winter sind Gummistiefel in Venedig ganz groß in Mode.

Die Flut wird unter anderem vom *Scirocco* ausgelöst – das ist ein starker Wind, der aus dem Süden kommt. Im Frühling bringt er aus den afrikanischen Wüsten riesige Staubwolken mit sich, im Herbst viel Regen, der oft von dichtem Nebel begleitet wird. Manchmal weht er auch im Winter und es fällt Schnee, der rötlich verfärbt ist.

Aber bald werden sie nicht mehr benötigt. Nach vielen Jahren des Hochwassers kamen Ingenieure auf eine Idee, wie sie Venedig vor den Fluten retten können. Sie arbeiten im Moment am Bau von Barrieren, die aus insgesamt 78 Elementen bestehen, die bei Flut die Stadt vom Meer abgrenzen sollen.

Maskenball

Einmal im Jahr ist Venedig noch überfüllter mit Menschen als sonst. Sie tragen ungewöhnliche Kostüme und Masken. Tausende von verkleideten Venezianern und Touristen aus der ganzen Welt feiern dann mit Paraden, Festen und Konzerten den Karneval von Venedig. Genau zehn Tage vor Aschermittwoch verwandelt sich die Stadt in diesen großen Maskenball. Das berühmte Straßenfest hat eine sehr lange Tradition. Zum ersten Mal fand es vor über 900 Jahren statt!

Vor mehreren Hundert Jahren wurde beschlossen, dass für die Dauer des Karnevals alle Alltagsregeln nicht mehr gelten. Dank der Masken und der Verkleidungen waren alle gleich, denn man wusste nicht, ob sich nun ein Adliger, ein Pfarrer oder ein armer Handwerker dahinter verbarg. Alle hatten viel Spaß und fast alles war erlaubt, allerdings unter der Bedingung, dass das Gesicht hinter der Maske versteckt bleiben musste. Heute ist der Karneval einfach ein fröhliches Straßenfest, aber die Maske bleibt sein wichtigstes Symbol.

In Venedig gibt es Hunderte von Geschäften, in denen man Karnevalsmasken kaufen kann. Eine der berühmtesten Werkstätten, **La Bottega dei Mascareri**, befindet sich in der Nähe der **Rialto-Brücke**, der größten Brücke der Stadt.

Bestimmte traditionelle Masken wurden aber nicht nur als Verkleidung verwendet. Die Menschen in Venedig trugen sie auch, wenn Epidemien ausbrachen, also wenn viele Menschen auf einmal krank waren. In der langen Nase war dann ein Schwamm versteckt, der mit einer Kräuterlösung getränkt war, die vor Krankheitserregern schützen sollte. Außerdem mussten verheiratete Frauen Masken aufsetzen, wenn sie ins Theater gingen, und sie wurden natürlich auch von Venezianern getragen, die aus irgendwelchen Gründen nicht erkannt werden wollten.

Zu den beliebtesten Masken zählte die **Bauta** – sie war aus weißem Leder, hatte ein vorgewölbtes Kinnteil (damit man beim Tragen essen und trinken konnte) und einen schwarzen Schleier. Sie wurde hauptsächlich von Männern getragen. Dazu gehörten ein schwarzer Umhang und ein breiter schwarzer Hut.

Die Frauen trugen dagegen häufig die **Moretta** – eine schwarze, ovale Maske ohne Schlitz für den Mund. An der Innenseite befand sich eine Art Knopf, den die Trägerin in den Mund nahm, um die Maske festzuhalten.

Heute werden die Masken nur noch während des Karnevals getragen. Sie werden aus Porzellan oder Pappmaché (einem Gemisch aus aufgeweichtem Papier, Leim und manchmal Gips, Kreide oder Ton) hergestellt und anschließend bemalt, mit Seide und Edelsteinen geschmückt oder mit Blattgold überzogen. Zur Verkleidung trägt man oft weite Umhänge und auf dem Kopf Perücken, fantasievolle Federn oder Hüte.

Ein Maler als Vorspeise

Carpaccio ist der Name eines Malers, der vor ungefähr 500 Jahren in Venedig lebte. ***Carpaccio*** ist aber
auch ein Gericht – und zwar rohes, in hauchdünne
Scheiben geschnittenes Rindfleisch. Ist es ein Zufall, dass
beide den gleichen Namen tragen? Ganz und gar nicht.

Ein Küchenchef aus Venedig, ein Meister der Vorspeisen und
Cocktails, war auch ein Liebhaber der Malerei.

CARPACCIO

Er hieß **Giuseppe Cipriani**. Vor knapp 90 Jahren eröffnete er in einer kleinen Gasse in der Nähe des Markusplatzes das Restaurant Harry's Bar. Ständig überraschte er seine Gäste mit neuen Cocktails. Er benannte sie nach berühmten Malern—man konnte bei ihm zum Beispiel einen Bellini oder einen Tizian bestellen.

Eines Tages kam eine Stammkundin, die Gräfin **Amalia Nani Mocenigo**, in seine Bar. Ein Arzt hatte ihr geraten, kein gekochtes Fleisch zu essen.

„Aber rohes Fleisch ist doch ungenießbar. Was soll ich jetzt bloß tun?", beschwerte sie sich.

Da kam Giuseppe Cipriani auf eine schlaue Idee. Er schnitt rohes Rindfleisch in hauchdünne Scheiben, würzte sie, bereitete eine spezielle Soße dazu zu und setzte das Gericht Frau Amalia zum Probieren vor. Die Gräfin war begeistert. Das Gericht schmeckte ihr so gut, dass sie danach noch öfter in der Bar vorbeikam als zuvor.

„Aber wie soll ich bloß das neue Gericht nennen?", überlegte Cipriani. Die Idee kam ihm während einer Ausstellung. In einem der venezianischen Museen wurden gerade die Werke von Carpaccio ausgestellt. Der Maler benutzte viel dunkles Rot und Cipriani musste dabei an das rohe Rindfleisch denken. Heute ist das Gericht Carpaccio sogar berühmter als der Maler Carpaccio.

Dank dem Maler Carpaccio wissen wir, wie Venedig früher aussah. Auf seinen Werken sehen wir Boote, Werkstätten, Fischer, die im Hafen ihrer Arbeit nachgehen, Frauen, die sich auf Terrassen ausruhen, typische, kelchförmige Schornsteine und mit schönen Bögen geschmückte Fenster.

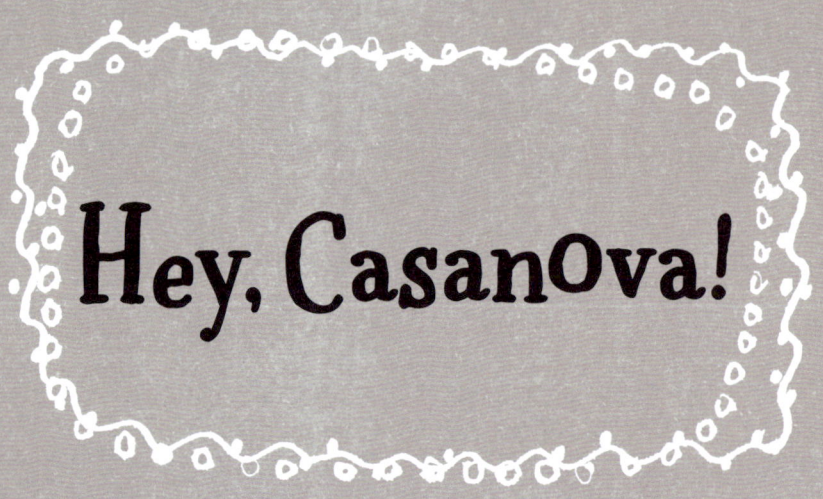

Hey, Casanova!

Wenn jemand dauernd verliebt ist, sich dann aber schnell wieder trennt, sagt man über diese Person: „Was für ein Casanova!" Aber wer war eigentlich dieser **Casanova**?

Er wurde vor knapp 300 Jahren in Venedig geboren. Zuerst wollte er Pfarrer werden, dann trat er stattdessen in die Armee ein, spielte später Geige im Theater, übersetzte antike Werke ins Italienische, war Herausgeber einer Zeitung und stellte sogar Seide her. Seine Eltern waren Schauspieler – vielleicht konnte er deshalb so leicht in verschiedene Rollen schlüpfen.

Casanova versuchte sich in fast jedem Beruf. Er war sogar Schriftsteller. In einem fantastischen Roman mit dem Titel *Ikosameron* erzählte er von einer Reise in das Innere der Erde. Im Buch findet man Beschreibungen von Dingen, die an das moderne Auto und den Füllfederhalter erinnern.

Er geriet aber auch ständig in Schwierigkeiten: Einmal wurde er von den venezianischen Behörden beschuldigt, ein Spion zu sein, und man verurteilte ihn zu fünf Jahren Gefängnis. Zum Glück konnte er nach 15 Monaten fliehen – durch ein Loch im Dach. Ein anderes Mal fuhr er nach Warschau und legte sich mit einem Grafen an – es ging um eine Tänzerin. Er forderte den Grafen zu einem Duell heraus und fügte ihm eine schwere Wunde zu. Danach musste er sich verstecken, denn er wurde von den Freunden des Grafen verfolgt. Man sprach über diesen Vorfall in ganz Europa.

Casanova war ein Hochstapler: Er schummelte beim Kartenspielen, erzählte allen, dass er zaubern könne, und er liebte es, Streiche zu spielen. Bei alldem wirkte er immer so nett, dass man ihm gar nicht böse sein konnte. Viele Frauen fanden ihn richtig toll. Er verführte feine Damen, Schauspielerinnen und sogar Nonnen. Und dann verließ er sie schnell wieder. Er behauptete, 122 Frauen verführt zu haben. Und vielen hat er bestimmt das Herz gebrochen.

CASANOVA

Bologna,
die Fette

Spaghetti bolognese, also Nudeln mit Tomaten-Hackfleischsoße kennt jeder. Bis auf die Bolognesen selbst. Nein, das ist kein Witz! In **Bologna** heißt die Tomatensoße mit Hackfleisch ganz anders, nämlich *ragù*. Und sie wird auch mit anderen Nudeln serviert – anstelle der weltweit bekannten Spaghetti bevorzugen die Bologneser *Tagliatelle*.

Eine richtige italienische Mahlzeit besteht aus mehreren hintereinander servierten Teilen. Aus diesem Grund findet man in einer italienischen Speisekarte die folgenden Gänge, von der Vorspeise über den ersten und zweiten Gang bis zum Dessert:

Antipasti
Primi piatti
Secondi piatti
Dolci

Bologna ist aber nicht nur für die leckere Soße bekannt.
Das Markenzeichen dieser Stadt sind auch die *Tortellini*,
kleine ringförmige Teigtaschen mit Füllung. Die Menschen
in Bologna erzählen dazu folgende Geschichte: Vor langer
Zeit übernachtete Venus, die Göttin der Liebe, in einem
Gasthaus in Bologna. Der Besitzer des Gasthauses fand sie
so schön, dass er sie abends vor dem Schlafengehen durch
das Schlüsselloch beobachtete. Am meisten war er von
ihrem Bauchnabel angetan. Um die ideale Form des Nabels
nicht zu vergessen, lief er sofort in die Küche und knetete
aus dem Teig eine kleine ringförmige Teigtasche. Heute wird
jedes Jahr am ersten Wochenende im Oktober ein großes
Tortellinifest gefeiert.

TORTELLINI

{MORTADELLA}

Bologna ist auch die Heimat von **Mortadella**. Manche glauben, dass die Wurst aus Eselfleisch hergestellt wird, aber das stimmt nicht. Dieser Unsinn wurde verbreitet, damit neugierige Köche aus anderen Städten nicht das geheime Rezept klauen. In Wirklichkeit wird Mortadella aus Schweinefleisch gemacht.

Wenn du nach Bologna reist, solltest du viel Appetit mitbringen. Die Stadt war schon immer dafür bekannt, dass das Essen dort besonders gut schmeckt. Vielleicht ist das den Studenten und Professoren zu verdanken, die aus verschiedenen Regionen hier zur Universität (eine der ältesten in Europa) kamen und neue Rezepte mitbrachten. Bologna wird **la grassa**, also „die Fette", genannt. Viele Feinschmecker finden sogar, dass man hier die besten Gerichte in ganz Italien probieren kann. Man reist jedenfalls mit Sicherheit nicht mit leerem Bauch ab.

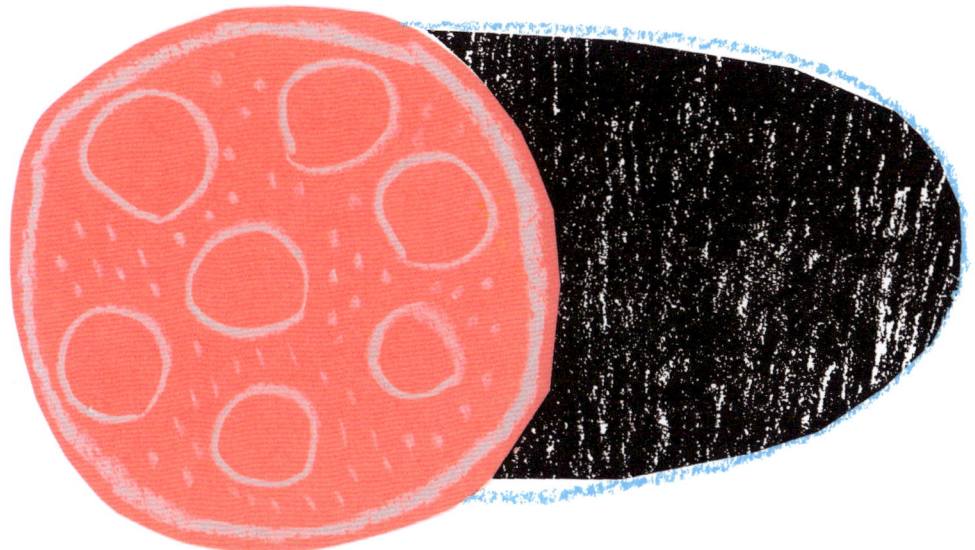

TAGLIATELLE

In Bologna sind auch die langen, flachen Nudeln namens Tagliatelle entstanden. Die Bologneser erzählen, dass dies vor 500 Jahren am Hof von **Giovanni II. Bentivoglio** geschah. Der Prinz veranstaltete ein Fest für die schöne Prinzessin **Lucrezia Borgia**. Zu Ehren seines besonderen Gastes bereitete der Hofkoch, **Zefirano**, ein besonderes Nudelgericht vor – angeblich ließ er sich dabei von Lucrezias goldenen Haaren inspirieren. Diese Geschichte wurde allerdings frei erfunden und zwar vor etwa 100 Jahren von **Augusto Majani**, einem bekannten Zeichner aus Bologna.

78

LUCREZIA
BORGIA

„Und sie bewegt sich doch!"

Vor etwa 400 Jahren lebte in **Pisa** ein berühmter Astronom. Er hieß **Galileo Galilei** und ist auch heute noch als Galileo bekannt. Als er noch ganz jung war, wollte er Mönch werden. Zum Glück kannte sein Vater ihn gut und wusste, dass ein Kloster nicht der richtige Ort für seinen neugierigen Sohn sein würde. Er holte ihn also bald wieder aus dem Kloster ab und schickte ihn stattdessen auf die Universität.

Galileo war sehr scharfsinnig und liebte es zu experimentieren. Als er zum Beispiel erfuhr, dass im fernen Holland jemand das Teleskop erfunden hatte, baute er sofort sein eigenes Modell, das noch besser war. Mit diesem selbstgebauten Teleskop entdeckte er Krater (große Löcher) auf dem Mond und die vier größten Monde, die den Planeten Jupiter umkreisen.

Eines Tages hörte er von einem Astronomen aus Polen namens **Kopernikus**. In der Zeit, in der Kopernikus und Galileo lebten, glaubten die Menschen noch, dass die Sonne die Erde umkreist, aber Kopernikus behauptete,

GALILEO GALILEI

dass es umgekehrt sei: Die Erde drehe sich um die Sonne. Galileo begann zu forschen und erkannte bald, dass Kopernikus Recht hatte. Es gab nur ein Problem: Seine Erkenntnis gefiel den Oberhäuptern der Kirche ganz und gar nicht. Er wurde zu einem kirchlichen Gericht bestellt, das sich Inquisition nannte. Bei dem Inquisitionsverfahren wurde Galileo dafür angeklagt, Unwahrheiten zu verbreiten. Man verlangte von ihm, öffentlich zu verkünden, dass er mit der Theorie von Kopernikus nicht einverstanden sei.

„Was soll ich bloß tun? Wenn ich sage, dass Kopernikus sich irrt, würde ich lügen. Und wenn ich das nicht tue, bekomme ich große Schwierigkeiten", überlegte der Astronom. Am Ende fasste er einen Entschluss. Er gab vor den Richtern an, dass Kopernikus sich irre. Aber der Legende nach soll er sofort danach geflüstert haben: „Und sie bewegt sich doch!"

Galileo konstruierte ein verbessertes Mikroskop und entwickelte das Thermometer. Zudem arbeitete er auch an einer Pendeluhr – angeblich kam er auf die Idee, als er einen hängenden Kirchenleuchter sah, der nach dem Anzünden der Kerzen hin und her pendelte.

Steh gerade!

Vielleicht ist dieser Turm der größte Reinfall in der Geschichte der Baukunst. Ich spreche von dem Glockenturm, der als der **Schiefe Turm von Pisa** bekannt ist. Er war noch gar nicht fertig gebaut, als er sich zu neigen begann. Der Architekt, der ihn vor über 800 Jahren entwarf, ahnte nicht, dass der Boden, auf dem er gebaut werden sollte, viel zu weich war. Um den Bau noch irgendwie zu retten, verlängerten die Bauarbeiter die Säulen an einer Seite des Turms. Aber es half nicht. Der Turm neigte sich weiterhin zu einer Seite.

Anderswo hätten die Leute den Turm bestimmt abgerissen und neu gebaut. Aber die eigensinnigen Pisaner dachten gar nicht daran. Sie verbrachten 199 Jahre mit dem Bau des widerspenstigen Turms, fügten weitere Etagen hinzu und montierten am Ende die Glocken.

Alle freuten sich sehr, als die Arbeit endlich beendet war. Angeblich weckte der Turm sogar das Interesse von Galileo (Seite 80). Er beschloss zu beweisen, dass verschiedene Gegenstände mit der gleichen Geschwindigkeit auf den

Boden fallen—egal ob sie ganz leicht oder ganz schwer sind. Er kletterte auf den Glockenturm und warf zwei Kugeln herunter: eine schwere und eine leichte. Sie fielen gleichzeitig auf den Boden.

Der Schiefe Turm wurde immer schiefer. Irgendwann war er mehr als fünf Meter von der Senkrechten entfernt! 1990 wurde er für Touristen geschlossen und Experten kamen zusammen, um darüber zu beraten. Die Renovierungsarbeiten dauerten elf Jahre. Dabei wurde das Fundament des Turms verstärkt, sodass man sein Kippen aufhalten konnte. Heute kann man ihn wieder besuchen und die Ingenieure versicherten, dass der Turm weitere 300 Jahre stehen werde.

Schiefe Türme gibt es auch in anderen Ländern. Da ist zum Beispiel der Schiefe Turm von Suurhusen in Ostfriesland. Er gilt als der am stärksten unabsichtlich geneigte Turm der Welt. Auch die Kölner können sich mit einem schiefen Turm brüsten—dem Kirchturm von St. Johann Baptist.

DAS TICKET FÜR DEN TURM

OPERA DELLA PRIMAZIALE PISANA
CARTA D'INGRESSO VALIDA PER L'ACCESSO A 2 DEI SEGUENTI MONUMENTI E MUSEI:
CATTEDRALE - BATTISTERO - CAMPOSANTO MONUMENTALE MUSEO DELL'OPERA - MUSEO DELLE SINOPIE
SPECIALE
RIDUZIONE GUIDE
€ 6
N° 763944
ordinary ticket (per person) valid for visiting two of the following

763944

Ein Insekt auf Rädern

Was hat eine schmale Taille, weicht geschickt Hindernissen aus und summt lustig vor sich hin? Kannst du es erraten? Es geht um den italienischen Motorroller **Vespa**.

Vespa heißt auf Italienisch „Wespe". Den Namen dachte sich **Enrico Piaggio** vor mehr als 70 Jahren aus. Ihm gehörte die Firma, welche die Fahrzeuge baute. Die Form des Rollers und die Geräusche des Motors erinnerten ihn an das gestreifte Insekt. Bis heute blieb es bei dem Namen.

Die Vespa hat die Herzen von Millionen Menschen auf der ganzen Welt erobert, es entstanden sogar richtige Fanklubs für den Motorroller. Und es wurde ein besonderes Modell für einen Spionagefilm entwickelt – diese Vespa namens Alpha konnte fliegen, schwimmen und tauchen. Und auch auf verschiedenen Weltreisen war der Roller mit dabei: Der Student **Giancarlo Tironi** fuhr damit sogar bis an den Nordpol.

Weil die Vespa so erfolgreich war, produzierte die Firma einen Mini-Lastwagen mit drei Rädern. Anscheinend mochte Enrico Piaggio Insekten, denn er nannte ihn **Ape**, das heißt „Biene".

Vespa und Ape sind aber nicht die einzigen italienischen Fahrzeuge mit tierischen Namen. Die erste Generation des berühmten Zweisitzers Fiat 500 erhielt den Spitznamen **Topolino**, also „Mäuschen" – so heißt übrigens auch Micky Maus in Italien. Das kleine Auto konnte sich in jede Lücke quetschen und wog nur 535 Kilogramm. Im Film **Cars 2** erschien es als Onkel Topolino.

VESPA

88

TOPOLINO

FIAT NUOVA 500

Auf dem Logo der Autofirma Ferrari ist auch ein Tier zu erkennen und zwar ein Pferd, das sich auf den Hinterbeinen aufbäumt. Solch ein Pferd schmückte das Flugzeug des bekannten italienischen Piloten **Francesco Baracca**. **Enzo Ferrari**, dem die Autofirma gehörte, war von den Fähigkeiten des Piloten sehr angetan und machte das Pferd deshalb zum Symbol seiner Firma.

89

APE

Es ist heiß, wir essen Eis

Eis schmeckt nirgendwo so gut wie in Italien. Und die Kugeln sind hier am größten, da sie mit einem breiten Spatel aufgetragen werden. Manche behaupten, dass das Eis vor langer Zeit in China entstand, andere schreiben diese Erfindung den Arabern zu. Eins steht jedoch fest: Die allerbesten gefrorenen Desserts haben wir den Italienern zu verdanken oder vielmehr drei italienischen Konditoren.

Zuerst war da ein gewisser **Ruggeri**. Vor etwa 500 Jahren veranstaltete der Herrscher von Florenz einen Wettbewerb, bei dem ein neues Gericht erfunden werden sollte. Ruggeri nahm die Herausforderung an und gewann mit Vorsprung mit seinem Fruchtsorbet aus gefrorenem Fruchtsaft, Fruchtpüree und Zucker.

Einige Zeit später wurde das Rezept verfeinert und zwar von einem Herrn **Bernardo Buontalenti**, dessen lustiger Nachname übersetzt „gute Talente" heißt. Er verfügte tatsächlich über viel Talent, besonders wenn es um die Eisherstellung ging. Seine gefrorene Creme aus Zitronen und Orangen war unvergleichlich. Buontalenti erfand sogar besondere unterirdische Kühllager, in denen man die Creme schnell und leicht

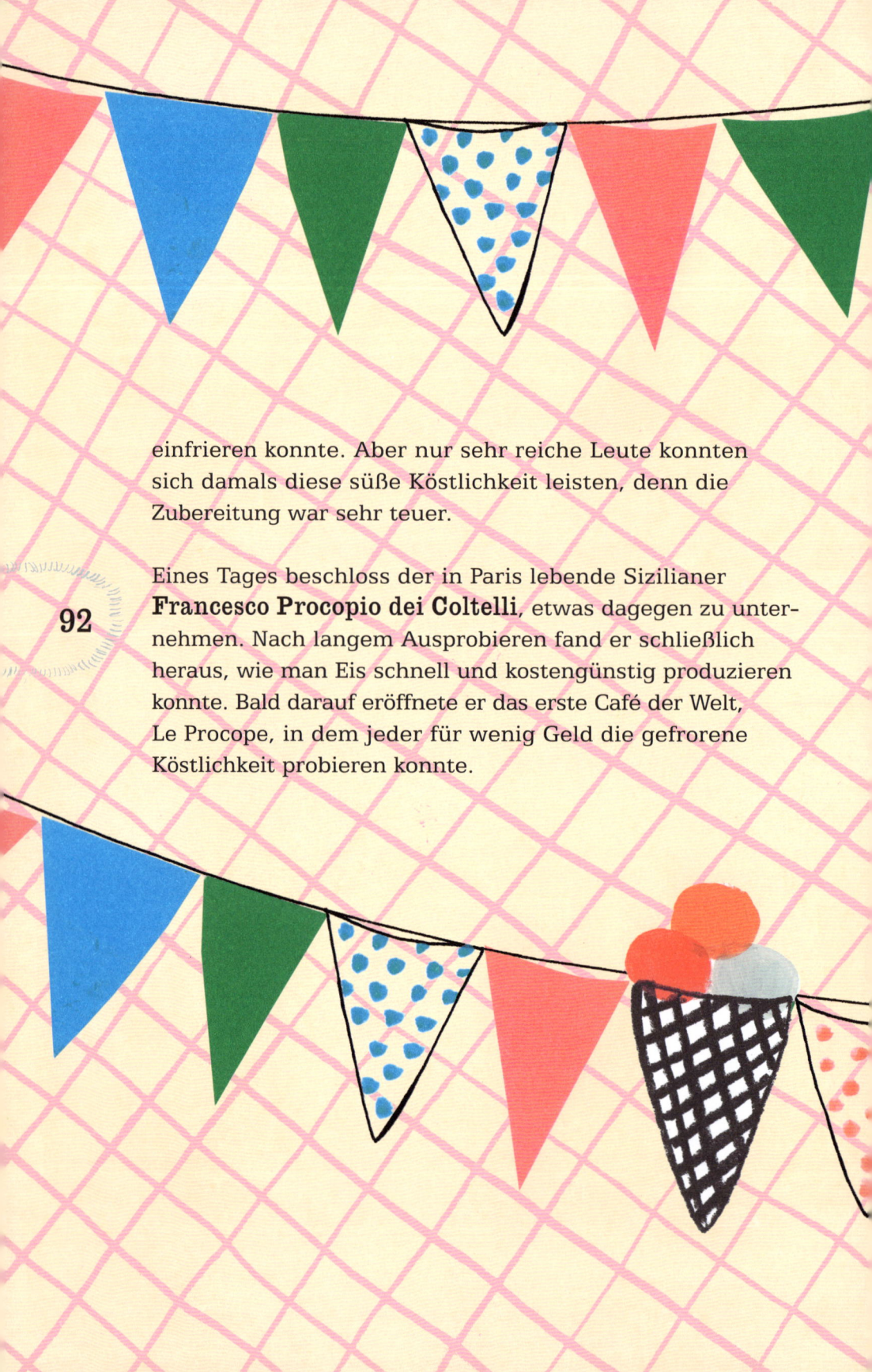

einfrieren konnte. Aber nur sehr reiche Leute konnten
sich damals diese süße Köstlichkeit leisten, denn die
Zubereitung war sehr teuer.

Eines Tages beschloss der in Paris lebende Sizilianer
Francesco Procopio dei Coltelli, etwas dagegen zu unternehmen. Nach langem Ausprobieren fand er schließlich
heraus, wie man Eis schnell und kostengünstig produzieren
konnte. Bald darauf eröffnete er das erste Café der Welt,
Le Procope, in dem jeder für wenig Geld die gefrorene
Köstlichkeit probieren konnte.

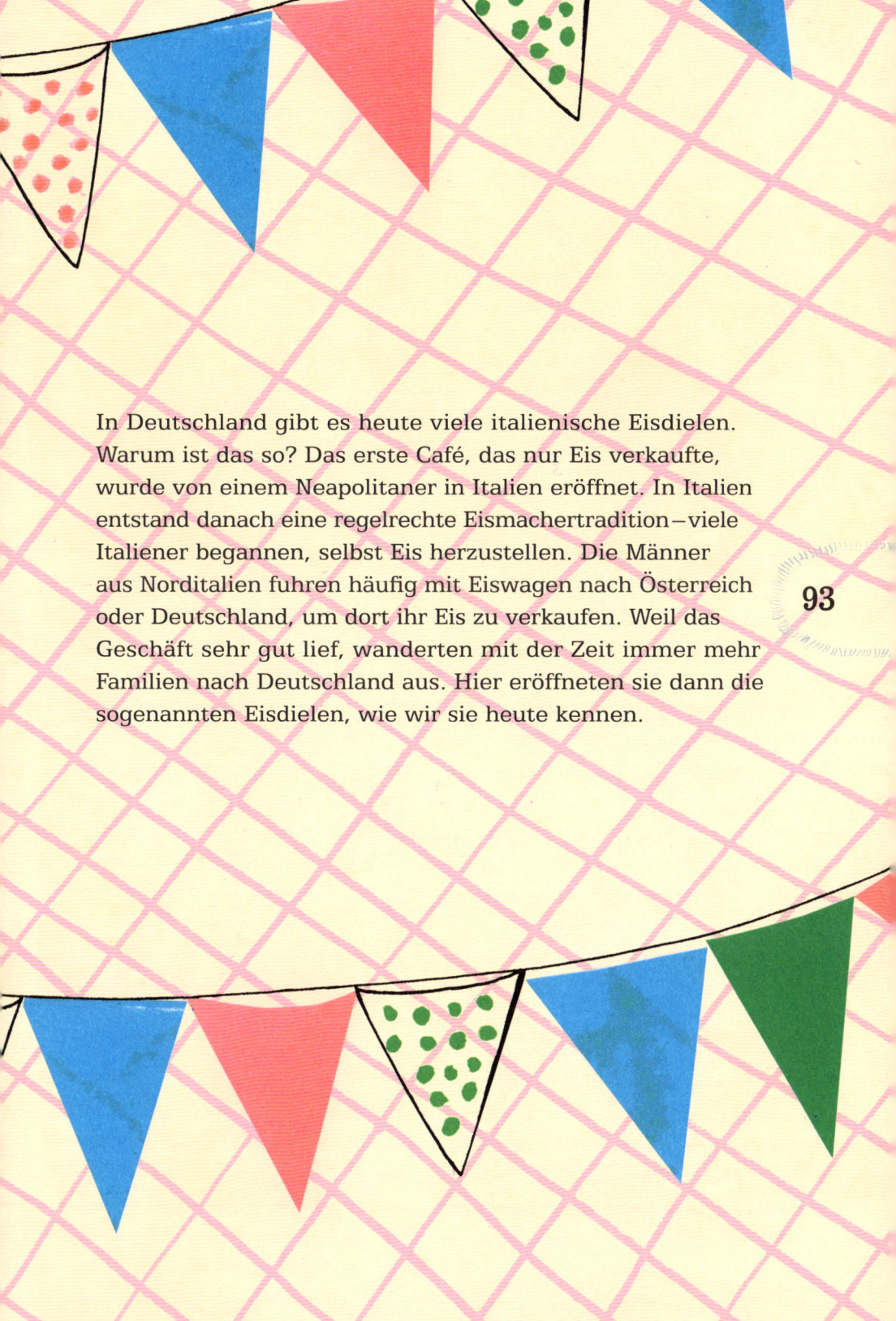

In Deutschland gibt es heute viele italienische Eisdielen. Warum ist das so? Das erste Café, das nur Eis verkaufte, wurde von einem Neapolitaner in Italien eröffnet. In Italien entstand danach eine regelrechte Eismachertradition – viele Italiener begannen, selbst Eis herzustellen. Die Männer aus Norditalien fuhren häufig mit Eiswagen nach Österreich oder Deutschland, um dort ihr Eis zu verkaufen. Weil das Geschäft sehr gut lief, wanderten mit der Zeit immer mehr Familien nach Deutschland aus. Hier eröffneten sie dann die sogenannten Eisdielen, wie wir sie heute kennen.

Ein Genie

Leonardo da Vinci (das heißt „Leonardo aus Vinci") war ein ausgezeichneter Maler, aber er hatte eine Schwäche: Er war nie pünktlich. Es vergingen Monate und die bei ihm in Auftrag gegebenen Bilder wurden einfach nicht fertig. War er vielleicht ein bisschen faul? Oder versuchte er, seine Bilder immer weiter zu verbessern?

Nein, nichts von beidem trifft zu. Der Künstler hatte schlicht und einfach jede Menge zu tun. Wenn er zum Beispiel eine Hand malte, forschte er zuerst nach, wie sie gebaut war. Wenn er einen Fluss zeichnete, beobachtete er die Strömung und erfand nebenbei einfach so die Fähre. Und wenn er Sonnenstrahlen auf die Leinwand übertragen wollte, untersuchte er die Eigenschaften des Lichts. Zum Malen blieb dann einfach wenig Zeit übrig.

Dadurch wusste und konnte Leonardo sehr viel. Er entwarf

Das bekannteste Bild von Leonardo da Vinci ist die **Mona Lisa**–das Porträt einer Frau mit einem geheimnisvollen Lächeln. *Mona* ist ein altes italienisches Wort, das „Frau" bedeutet. Mona Lisa bedeutet also „Frau Lisa". Das Bild hängt heute im Louvre, dem größten Museum von Paris. Vor ungefähr 100 Jahren machte der Künstler **Marcel Duchamp** sich einen Spaß und malte das Bild neu. Er kopierte die Mona Lisa und verpasste ihr einen Bart.

. LEONARDO DA VINCI .

96

DIE FLUGMASCHINEN VON LEONARDO DA VINCI

Leonardo da Vinci war Vegetarier. Er liebte Tiere so sehr, dass er sogar einmal Hühner auf dem Markt kaufte, um sie freizulassen. Heute gibt es viele Vegetarier, aber während der Renaissance sorgte man für großes Staunen, wenn man kein Fleisch aß.

Kanonen, Brücken und Häuser und erfand Maschinen wie Panzer, Helikopter und U-Boote. Da er seine Ideen nur für sich selbst aufschrieb und skizzierte, wusste lange Zeit niemand davon. Zu seiner Zeit, also vor etwa 500 Jahren, hätte man sicher viele von diesen Erfindungen zu seltsam gefunden, um sie herzustellen. Leonardo erfand auch eine Methode zum Trockenlegen von Sümpfen, er schrieb Märchen über Tiere, beschäftigte sich mit Mathematik und Physik, kannte sich bestens mit Literatur aus, diskutierte mit Leichtigkeit über philosophische Themen und spielte wunderschön auf einem Saiteninstrument, das **Lira da braccio** heißt. Kurz gesagt: Er war wirklich vielseitig begabt. Man nannte diese Genies auch „Universalgelehrte".

97

Leonardo war nicht der einzige Universalgelehrte. Zu seiner Zeit gab es noch mehr Genies. Zum Beispiel Galileo, den Astronomen und Erfinder (Seite 80), oder Kopernikus, der nicht nur Astronom, sondern auch Jurist, Mathematiker, Übersetzer und Arzt war. Da die Zeit, in der sie lebten, die Renaissance genannt wird, nennt man diese vielseitig talentierten Leute auch „Renaissance-Menschen".
Ob sich heute wohl jemand finden würde, der mit Leonardo mithalten kann?

Der Wein mit dem Hahn

Wenn du im Laden eine runde Flasche im Körbchen mit einem schwarzen Hahn auf dem Etikett siehst, kann es sich nur um den berühmten Wein *Chianti* handeln. Sein Name stammt von einer malerischen, zwischen **Florenz** und **Siena** gelegenen Hügelkette in der **Toskana**. Auf den Hügeln drängen sich kleine Häuser aus Stein, zu denen kurvenreiche, mit Zypressen gesäumte Wege führen. Auf den Hängen werden Weintrauben angebaut.

FIASCO, DIE CHIANTI-
WEINFLASCHE
IM STROHMANTEL

Chianti

Aber warum ist ein Hahn auf dem Wein zu sehen? Vor langer Zeit stritten Florenz und Siena darum, zu welcher der beiden Städte die nahegelegenen Hügel gehörten. Schließlich hatten die Bewohner eine Idee, wie man den Streit beenden könnte: Sie vereinbarten einen Tag, an dem die Ritter aus beiden Städten hinausreiten sollten. Dort, wo sie aufeinandertreffen würden, sollte die Grenze zwischen den beiden Republiken verlaufen. Der Ausritt sollte mit dem ersten Hahnenkrähen am frühen Morgen beginnen. Die Sienesen suchten sich einen fetten weißen Hahn aus, der die Ritter wecken sollte, die Einwohner von Florenz dagegen einen mageren schwarzen. Den ganzen Tag lang hielten sie das arme Tier in einem dunklen Käfig ohne Essen und Trinken. Erst nach Mitternacht ließen sie ihn frei.

Das Tier war so hungrig, dass ihm nur wenige Körner ausreichten, um vor Freude zu krähen. Dabei war es noch ganz dunkel. Die florentinischen Ritter machten sich deshalb früher auf und gelangten fast an die Stadtmauern von Siena. Niemand weiß genau, was an der Geschichte wahr und was erfunden ist. Der Hahn wurde jedenfalls zum Symbol der Chianti-Hügel und aus diesem Grund ist er auf der Weinflasche abgebildet.

Der Chianti-Wein wurde im 19. Jahrhundert bekannt und das ist vor allem dem Baron **Bettino Ricasoli** zu verdanken. Er arbeitete lange daran, das Weinrezept zu perfektionieren, übergab es Weinbauern der Region und baute die Straßen und Schienen aus. So konnte der Wein auch in die größeren Städte geliefert werden. Wenn du mal in der Toskana bist, kannst du seinem Schloss einen Besuch abstatten – dem **Castello di Brolio**.

Oh, Margarethe!

Neue Gerichte entstehen oft aus Langeweile. Irgendwann ist man es leid, immer das Gleiche zu essen. Genauso war es mit der **Pizza**.

„Schon wieder **Focaccia**?", beschwerte sich eines schönen Tages ein Neapolitaner, als er sein Mittagessen einpackte.

Jeden Morgen bereitete seine Frau für dieses Fladenbrot einen Hefeteig aus Mehl, Olivenöl und Wasser zu und backte es auf heißen Steinen. Focaccia war eine sättigende, aber einfache Mahlzeit ohne Beilagen.

„Das ist wirklich etwas eintönig", dachte sich auch die Hausfrau. Sie backte also einen weiteren Fladen, diesmal viel dünner. Dann rieb sie ihn mit Olivenöl ein und belegte ihn mit Tomaten und Kräutern. So wurde die Pizza geboren. Aber wann das passiert ist, weiß niemand so genau.

CALZONE

Man weiß allerdings, wann die *Pizza Margherita* entstanden ist, nämlich vor über 125 Jahren. Sie ist die Königin aller Pizzas. Und der Legende nach verdankt sie auch einer Königin ihren Namen.

Der König von Italien, **Umberto I.**, und seine Frau **Margherita** (auf Deutsch: Margarethe) machten Urlaub in **Neapel**. Als Margarethe erfuhr, dass die Stadt für ihre Pizza berühmt war, wollte sie unbedingt eine probieren. Man beauftragte den besten Koch Neapels, **Raffaele Esposito**, das Gericht zuzubereiten. Raffaele kreierte eine Pizza mit Mozzarella, Tomaten und Basilikum – den Farben der italienischen Flagge. Die Königin war begeistert und der Koch nannte diese Pizza ihr zu Ehren Margherita.

Die Pizza Margherita ist die beliebteste Pizza der Italiener. Manchmal ersetzen die Neapolitaner sie allerdings mit der sogenannten **Calzone** (das heißt „Hose"). Das ist eine große Teigtasche mit Schinken, Salami und Ricotta-Käse, die im Ofen gebacken oder in Olivenöl gebraten wird. Die meisten Italiener sind eher vorsichtig, wenn es um die Auswahl des Pizzabelags geht – es ist nicht auszudenken, dass Hühner- oder Rindfleisch auf der Pizza landet, geschweige denn Ananas. So etwas würden sie nicht anrühren.

Eine echte neapolitanische Pizza ist knapp drei Millimeter dick. Der Pizzabäcker formt sie mit der Hand ohne Nudelholz und wirft sie mehrmals hoch in die Luft, um sie später im Holzofen bei einer Temperatur von 485 °C nicht länger als 90 Sekunden zu backen.

105

RISTORANTE

Ein sonniges Lied

In Neapel hört man überall Musik: auf der Straße, auf dem Markt, sogar auf dem Amt. Der Briefträger singt, der Polizist pfeift, der Busfahrer klopft im Takt auf das Lenkrad. Wo sonst hätte das vielleicht berühmteste Lied der Welt entstehen können?

Die Rede ist von **„'O sole mio!"** (auf Deutsch „Meine Sonne"). Aber in dem Lied geht es gar nicht um die Sonne, sondern um die Liebste des Sängers, die mit ihrem Lächeln jeden seiner Tage erhellt.

Der Dichter **Giovanni Capurro** schrieb den Text vor über 100 Jahren. Die Melodie wurde von seinem Freund, dem Geiger **Eduardo di Capua**, komponiert, der eines Abends auf einer Konzertreise im fernen Odessa, Heimweh nach Neapel und der Frau, die er liebte, bekam.

Allerdings hat Capurro dabei Unterstützung bekommen. Der Legende nach ging eines Tages ein Straßenhändler unter den Fenstern des Dichters vorbei. Er schob den Wagen mit seiner Ware und summte ein wehmütiges Lied. Capurro aß gerade Frühstück. Als er die Ballade hörte, sprang er sofort auf. Er rannte hinunter, lief dem Händler nach und bat ihn, das Lied noch einmal zu singen. Er notierte sich schnell die Worte, änderte sie etwas ab und so entstand „'O sole mio!". Die Ballade wurde bald zur inoffiziellen Hymne von Neapel. Und einmal ersetzte sie sogar die italienische Nationalhymne.

Während der Olympischen Spiele 1920 in Antwerpen sollte das Orchester die italienische Hymne spielen, aber es stellte sich heraus, dass der Dirigent die Noten vergessen hatte. Dafür kannte er „'O sole mio!" sehr gut. Die im Stadion versammelten Italiener, sowohl die Sportler als auch das Publikum, sangen das berühmte Lied mit Begeisterung. „'O sole mio!" wurde auch von den berühmten italienischen Opernsängern **Enrico Caruso** und **Luciano Pavarotti** gesungen und sogar vom amerikanischen Sänger **Elvis Presley** (in der etwas abgeänderten Version „It's now or never"). Und **Juri Gagarin** – der erste Mensch, der ins Weltall geflogen ist – summte es in seinem Raumschiff.

Seit über 60 Jahren findet immer im Februar das berühmte „Festival des italienischen Liedes" in **Sanremo** statt. Es ist eines der ältesten Musikfestivals dieser Art in Europa. Viele der dort vorgestellten Lieder wurden zu Welthits. Zum Beispiel das Lied „Volare" (was „Fliegen" bedeutet), gesungen von **Domenico Modugno**. Bevor er als Sänger berühmt wurde, hatte er als Kellner gearbeitet. Heute wird er als der Vater des modernen italienischen Liedes bezeichnet.

Pasta für alle!

Bitte nicht in Panik geraten, wenn dich der Kellner fragt, welche Pasta du dir ausgesucht hast! Er will dir keine Zahnpasta servieren. ***Pasta*** ist schlicht und einfach das Wort für „Nudeln" auf Italienisch.

In Italien gibt es viele verschiedene Sorten von Nudeln. Muscheln, Faden, Engelshaar … In jeder Region sind sie etwas anders und du kannst die lustigsten Formen entdecken. Es ist wirklich für jeden etwas dabei: Musikliebhaber können Akkordeons essen, Autofans Räder, Klempner Rohre und Kniestücke, Modefans Zöpfe und Schleifen und Frost-beulen Heizkörper.

Und ständig werden neue Nudelformen erfunden. **Giorgio Giugiaro**, ein bekannter Autodesigner, kreierte zum Beispiel Nudeln, die ein bisschen wie Meereswellen aussahen, und nannte sie ***Marille***. Leider bewährten sich die Teigteilchen nicht beim Kochen – sie wurden nicht gleichmäßig weich.

Die Italiener kennen sich jedenfalls richtig gut aus mit Nudeln. Und wenn sie mal nicht wissen, welche Pasta zu welcher

Soße gehört, können sie sogar in einem Regelbuch nach-
schlagen: Zu langen Nudeln passt Tomatensoße, zu flachen
und dicken Nudeln sollten Soßen mit Sahne und Eiern
serviert werden. Ganz besonders wichtig ist den Italienern
auch die Kochzeit
der Nudeln. Richtig
zubereitete Nudeln
sollten **al dente** sein,
also bissfest. Das
bedeutet, dass sie nicht
zu fest und nicht zu
weich sind. Ein teigiger
Brei ist nicht auszu-
denken. Ein richtiges
Nudelmuseum gibt es
natürlich auch, du kannst
es in Rom besuchen.

CANNELLONI – große Röhren,
mit Fleisch oder Spinat und
Ricotta gefüllt.

**CAPELLINI (abgeleitet von
capelli, Haare)** – ähnlich den
Spaghetti, nur noch dünner.

CONCHIGLIE (Muscheln) –
muschelförmige Nudeln.

FARFALLE (Schmetterlinge) –
Schleifen.

FUSILLI – Spiralnudeln.

LASAGNE – große, rechteckige
Blätter, verwendet für das
Gericht mit dem gleichen
Namen.

**PENNE (abgeleitet von
penna, Federhalter)** –
Nudeln in Röhrchenform.

PENNE RIGATE –
Röhrennudeln mit Rillen,
an diesen Nudeln bleibt
die Soße besser haften.

SPAGHETTI –
lange, dünne Nudeln.

TAGLIATELLE –
eine Spaghetti-Variante,
lange, flache Nudeln
(Seite 78).

111

Eine kleine Geschichte über eine Gabel

Vor ungefähr 200 Jahren lebte ein König, der Spaghetti über alles liebte. Sein Name war **Ferdinand II.** und er regierte den südlichen Teil Siziliens. Einmal soll er in **Portici** in der Nähe von Neapel ein Festmahl veranstaltet haben, bei dem es als Hauptgericht seine geliebten Nudeln geben sollte.. Aber es gab ein Problem. „Wie soll man solche langen Nudeln elegant essen?", sorgte sich der Herrscher. Normalerweise benutzte er einfach die Hände, aber das gehörte sich nicht, wenn viele andere Leute mit am Tisch saßen. Und die dreizackigen Gabeln, die damals verwendet wurden, eigneten sich schon gar nicht zum Spaghetti-Essen.

Wenn der König versuchte, die Nudeln auf die Gabel zu wickeln, fielen die widerspenstigen Teigwaren jedes Mal herunter. An diesem Abend ging Ferdinand hungrig ins Bett und wenn er hungrig war, hatte er schlechte Laune. „Was tun, was tun?", zerbrachen sich die Leute an seinem Hof den Kopf.

Schließlich nahm **Gennaro Spadaccini**, einer seiner Angestellten, die Sache in die Hand. Er schloss sich in seinem Zimmer ein und dachte nach. Nach zwei Tagen kam ihm endlich eine Idee. Schon bald fand das nächste Festmahl statt. Ferdinand, traurig, dass er wieder keine Spaghetti bekommen würde, setzte sich mürrisch an den Tisch. Plötzlich stürmte Gennaro herein, mit einer Gabel in der Hand.

„Ich hab's! Eure königliche Hoheit, ich hab's!", rief er, ohne dabei auf die würdevollen Gäste zu achten.

„Das ist doch nichts Neues. Eine Gabel eben", erwiderte der Herrscher resigniert.

„Ja, aber nicht irgendeine Gabel!", rief Gennaro.

Und es stimmte, Spadaccini war es gelungen, das Esswerkzeug zu verbessern: Seine neue Gabel hatte vier statt drei Zacken und die Zacken waren etwas kürzer als zuvor. Jetzt konnte Ferdinand damit nach Herzenslust Spaghetti essen.

Nicht mal ein Italiener würde es schaffen, die Nudeln auf die Gabel zu bekommen, die ein gewisser **Ranieri Borgnolo** vor einigen Jahren gekocht hat. Seine Spaghetti waren 455 Meter lang und wurden ins Guinness-Buch der Rekorde aufgenommen.

Ein Tor für die Azzurri

Fußballnationalmannschaften tragen meist Trikots in ihren Landesfarben. Bei den Italienern ist das ein bisschen anders. Obwohl die italienische Flagge Grün-Weiß-Rot ist, spielt die Mannschaft in blauen Trikots. Blau heißt *azzurro* auf Italienisch, also wird die Mannschaft *Azzurri* genannt, „die Blauen". Die Azzurri haben auch eine „blaue" Hymne. Das Lied heißt „Azzurro" und ist ein Hit des bekannten italienischen Sängers **Adriano Celentano**. Celentano singt über seine Liebste, die in den Urlaub gefahren ist und ihn allein in der Stadt zurückgelassen hat. Die himmelblauen Nachmittage sind ziemlich langweilig ohne sie.

Fußball ist eine Art Nationalsport für die Italiener. Die Fans treffen sich in den Cafés und Restaurants, um gemeinsam Spiele anzuschauen und ihre Mannschaft anzufeuern.

Wenn die Azzurri gewinnen, feiert ganz Italien, und wenn sie verlieren, trauern alle. Zum Glück sind die Italiener talentierte Fußballspieler und konnten schon viele Preise

Aber die Italiener spielen nicht nur sehr gut Fußball, sie sind auch tolle Skifahrer. Der vielleicht berühmteste italienische Skifahrer heißt **Alberto Tomba**. Er trat in den Wettkämpfen Slalom und Riesenslalom an und belegte ganze 50 Mal den ersten Platz! Man nannte ihn *La Bomba*.

einheimsen – sie wurden bereits vier Mal Weltmeister.
Und zur Weltmeisterschaft 2019 jubelte ganz Italien der
Fußballnationalmannschaft der Frauen zu. Für viele
Kinder und Jugendliche sind Fußballspieler große Idole.
Die Neapolitaner verehren vor allem Diego Maradona,
weil der SSC Neapel unter seiner Führung zum ersten
Mal italienischer Meister wurde.

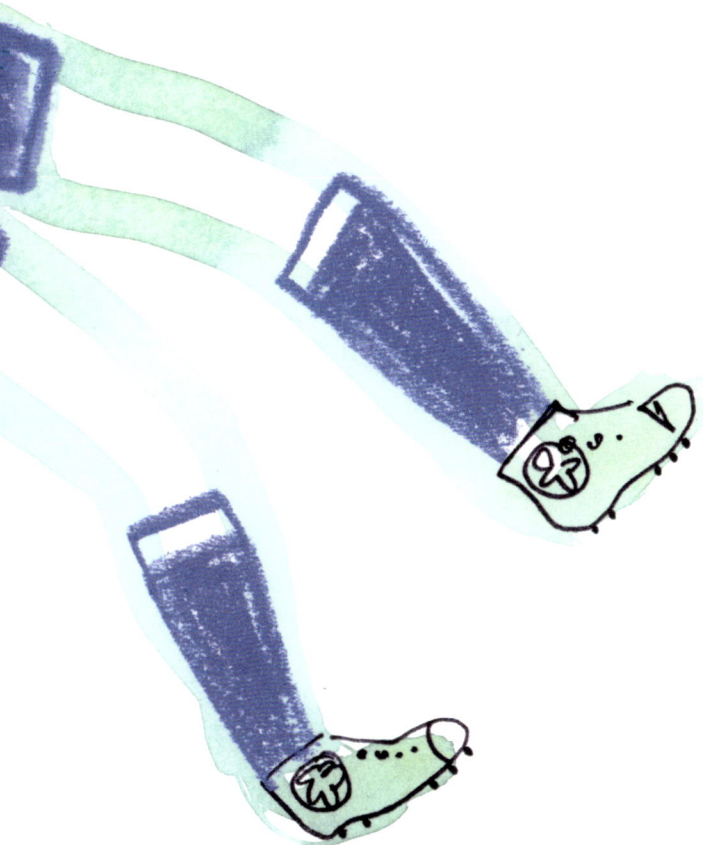

Maradona stammt aus Argentinien, aber er spielte viele Jahre lang für die Mannschaft aus Neapel. In der **Via Benedetto Croce** in Neapel findest du sogar einen Heiligenschrein zu seinen Ehren. Ein Gedicht fordert dort alle jungen Fans dazu auf, genauso zielstrebig zu sein wie ihr Idol.

Gleich knallt es!

Im August sind die Städte Italiens wie leergefegt, denn alle sind im Urlaub. Aber in einem August vor fast 2.000 Jahren war alles ganz anders und die Ferien kündigten sich gar nicht gut an.

Drei Städte in der Nähe von Neapel—**Pompeji**, **Stabiae** und **Herculaneum**—erlebten damals eine echte Tragödie. Von den wunderschönen Ortschaften aus hatten die Einwohner einen tollen Blick auf den eindrucksvollen Vulkan **Vesuv**. Aber genau dieser Vulkan brachte ganz plötzlich sehr viel Unheil.

„Kaum hatten wir uns gesetzt, da wurde es Nacht, aber nicht wie bei mondlosem, wolkenverhangenem Himmel, sondern wie in einem geschlossenen Raum, wenn man das Licht

gelöscht hat. Es fiel Asche, dicht und schwer, die wir, fort-
gesetzt aufstehend, abschüttelten; wir wären sonst verschüttet
und durch ihre Last erdrückt worden", schrieb der Schriftsteller und Politiker **Plinius der Jüngere**. Er besuchte gerade
seinen Onkel in der Nähe von Pompeji. Der Nachmittag war
heiß. Plötzlich fing die Erde an zu beben, der Vulkan spuckte
Feuer, eine schwarze Wolke bedeckte den Himmel und auf
Pompeji, Herculaneum und Stabiae regneten glühend heiße
Steine nieder. Der Onkel von Plinius hatte das Kommando
über die römischen Schiffe, die den Einwohnern helfen sollten.
Er kam bei der Rettungsaktion in Stabiae selbst ums Leben.
Durch die Asche wurden Feuer entfacht und Menschen
getötet, die Steine zerstörten Gebäude. Außerdem stiegen
aus dem Vesuv auch giftige Gase auf. Die Katastrophe
dauerte drei Tage lang. Pompeji, Stabiae und Herculaneum
wurden dabei unter einer meterdicken Schicht vulkanischer

119

Asche begraben. Viele Häuser, Geschäfte
und Tempel blieben unter dieser Schicht
bis heute erhalten. Erst vor knapp
300 Jahren wurden die Städte wieder-
entdeckt. Zuerst wurde in Pompeji das
Amphitheater ausgegraben, dann fand
man in Herculaneum eine Villa mit einer
ganzen Bibliothek. Darin lagen etwa
2.000 Papyrusrollen, also antike Bücher,
die den Vulkanausbruch überstanden
hatten, ohne zerstört zu werden. Sogar
Fresken (Seite 30) und Mosaike (Bilder,

Der Vesuv ist auch heute
noch gefährlich, denn er
ist ein aktiver Vulkan, der
jederzeit ausbrechen kann.
Das letzte Mal geschah
das 1944. Die meisten
Menschen konnten damals
evakuiert werden. Aber
auch bei diesem Ausbruch
wurden zwei Städtchen
zu großen Teilen unter den
Lavamassen begraben.

die aus kleinen Teilen bunter Steine zusammengesetzt werden) sind erhalten geblieben. Sie stellen Gebäude, Gärten, Gefäße und Menschen dar. Auf den Bildern sieht man Frauen in mit Gürteln zusammengeschnürten Kleidern und Männer in langen Gewändern, die man **Toga** nennt. Einige von ihnen scheinen sich im **Atrium** auszuruhen, das waren die Innenhöfe der Häuser. Andere schauen sich Gladiatorenkämpfe im Amphitheater an (Seite 29) oder halten bequem liegend ein Festmahl mit ihren Freunden ab. Ihre Häuser wurden von vierbeinigen Freunden beschützt – vor der Tür eines der Häuser fand man ein Mosaik mit der Aufschrift: „Warnung vor dem Hund".

POMPEJI

Das Gesundheitselixier

Etwas, das man bei uns heute in jedem Supermarkt kaufen kann, war für die Menschen früher etwas ganz Besonderes. Ein Schriftsteller aus der Antike sagte sogar einmal, dass es flüssiges Gold sei. Aber warum? Das hatte nicht nur etwas mit seiner goldgelben Farbe zu tun, sondern auch damit, dass es damals sehr wertvoll war. Im alten Griechenland erhielten die Gewinner der Olympischen Spiele sogar mit der Flüssigkeit gefüllte Krüge als Preis. Im alten Rom bezahlte man damit seine Steuern. Es schmeckt nicht nur gut, sondern es ist auch sehr gesund, zum Beispiel für unser Herz. Aber auch in Cremes ist es enthalten, denn es soll die Haut vor Falten schützen. Die Rede ist von Olivenöl – dem Öl, das aus dem Fruchtfleisch und aus dem Kern der Olive herausgepresst wird.

Die Italiener benutzen Olivenöl nicht nur für Soßen und Salate, sondern auch als Vorspeise mit frischem Brot. Tunke mal ein

Stück Brot in Olivenöl und du wirst selbst sehen, wie gut es schmeckt! Ist es leicht bitter, etwas scharf und kratzt ein bisschen im Hals? So sollte es sein – das ist ein Zeichen, dass es frisch und gesund ist.

Olivenöl mag keine Sonne, deshalb wird es meist in dunklen Glasflaschen verkauft. Außerdem sollte man es nicht im Kühlschrank aufbewahren, denn die niedrige Temperatur könnte ihm schaden. Wichtig ist zudem, dass auf dem Etikett „nativ extra" steht – dann ist das Öl von hoher Qualität und schmeckt am leckersten.

In vielen Kulturen wird der Olivenbaum als heilig angesehen – vielleicht, weil er über 1.000 Jahre alt werden und immer noch Früchte tragen kann. Der Olivenzweig ist ein Zeichen des Friedens und ein Olivenkranz wiederum ein Zeichen des Sieges.
In alten Zeiten schmückte man die Häupter der Sieger mit solchen Kränzen.

123

Zur Produktion eines Liters der goldenen Flüssigkeit werden über fünf Kilogramm Oliven benötigt. Wenn du tolle Oliven-bäume sehen möchtest, fahr am besten nach Sardinien in den Ort **Villamassargia**, wo die ältesten Exemplare Europas wachsen. Im sogenannten ***S'ortu mannu***, also dem „großen Garten", stehen ungefähr 700 Bäume. Einige von ihnen sind schon 1.500 Jahre alt. Das sind aber trotzdem Babys im Vergleich zum Olivenbaum im sardischen Städtchen **Luras**. Er ist über 3.000 Jahre alt und so hoch wie ein fünfstöckiges Wohnhaus.

Ein weißer Clown

Vielleicht kennst du den traurigen Clown mit dem Namen Pierrot. Er hat ein schwarzes Hütchen, eine weiße Hose und weiße Jacke mit schwarzen Knöpfen. Sogar sein Gesicht ist ganz weiß, nur auf den Wangen hat er große schwarze Tränen. Man sieht ihn oft auf Valentinskarten oder auf dem Einband von Tagebüchern. Aber woher kommt er? Und warum weint er?

In Frankreich ist er als Pierrot bekannt, in Italien als **Pedrolino**. Er weint, weil er unglücklich verliebt ist. Er ist eine der Hauptfiguren des italienischen Theaters ***Commedia dell'arte***. Vor ungefähr 400 Jahren war dieses Theater bei den Menschen sehr beliebt. Und bis heute werden jedes Jahr im Februar die Tage der Commedia dell'arte gefeiert, bei denen man Pedrolino erleben kann.

Diese Form des Theaters heißt nicht ohne Grund Komödie. Denn die Geschichten, in denen der weiße Clown auftrat, waren ganz und gar nicht traurig. Gerade über ihn gab es immer viel zu lachen, denn er war sehr gutmütig, aber schrecklich tollpatschig.

HARLEKIN

DOKTOR

PEDROLINO

COLOMBINA

Natürlich trat Pedrolino nicht allein auf. Er hatte viele
Gefährten: den schlauen Diener **Harlekin**, die gesprächige
Magd **Colombina**, den geizigen Kaufmann **Pantalone**,
den gelehrten, aber naiven Doktor – **Dottore** – und den
angeberischen Kapitän – **Il Capitano**. Alle Geschichten waren
sich ähnlich. Meist ging es darum, dass ein Mann und eine
Frau heiraten wollten, aber ihre Väter damit nicht einverstanden waren. Der Kapitän versuchte, das Liebespaar zu
trennen, aber Colombina und Harlekin halfen ihnen, der
Doktor redete und redete und Pedrolino weinte. Am Ende
ging immer alles gut aus und der Kapitän, der eigentlich
zum Duell aufgefordert wurde, suchte lieber das Weite.

Und warum langweilte sich das Publikum nicht, wenn die Geschichte immer fast gleich war? Die Schauspieler lernten den Text nicht auswendig und deshalb wurde die Geschichte jedes Mal etwas anders erzählt. Außerdem blödelten sie auf der Bühne herum, schlugen Purzelbäume und machten Fratzen, sodass die Zuschauer oft vor Lachen weinten. Nur Pedrolino war immer etwas niedergeschlagen.

Man konnte die Figuren schon vom Weiten erkennen: Pantalone hatte einen Buckel, eine Hakennase und einen grauen Bart. Der Doktor war schwarz gekleidet. Der Kapitän fuchtelte die ganze Zeit mit seinem Säbel herum. Und der Harlekin trug eine schwarze Maske und Kleidung mit einem bunten Rautenmuster.

Zeit für die Siesta

Zwischen ein und vier Uhr nachmittags verlangsamt sich in italienischen Städten das Leben. Besonders im Süden des Landes wirst du zu dieser Zeit nichts auf dem Amt erledigen, nicht einkaufen gehen oder im Restaurant essen können. Alles ist geschlossen. Das Ganze nennt sich **Siesta**: Die Menschen machen eine Pause bei der Arbeit und gehen nach Hause, um eine warme Mahlzeit zu essen und ein kurzes Nickerchen zu machen.

Viele Italiener können sich einen Tag ohne die Siesta nicht vorstellen.

„Was, wir sollen unser Brot während der Arbeit essen? In Eile? Und dann dürfen wir nicht mal einen kurzen Mittagsschlaf halten?" Das fänden sie völlig absurd.

Fast Food oder andere schnelle Snacks wie Hamburger oder Döner passen einfach nicht zur italienischen Lebensweise. Denn Italien ist ein Land der echten Feinschmecker. Die Menschen hier würden niemals einfach das Erstbeste essen und sie können endlos darüber diskutieren, ob ein Gericht ausreichend aromatisch ist. Mittagessen? Das gibt es oft zu

Hause und mit der Familie. Es sollte aus *antipasto*, also einer Vorspeise, bestehen („zum Beispiel Carpaccio oder Mozzarella mit Tomaten") und aus einem warmen Gericht, meist Pasta. Und eilig hat es beim Essen hier selten jemand – das Festmahl muss mindestens eine Stunde dauern.

Die Italiener sagen oft *piano piano* – „langsam, langsam". Es gibt sogar einen richtigen Verein mit dem Namen „Die Kunst, langsam zu leben". Dieser Verein hat den Tag der Langsamkeit ins Leben gerufen, der am 25. Februar gefeiert wird – Fußgänger, die an diesem Tag zu schnell laufen, erhalten schon mal einen symbolischen Strafzettel.

Vor knapp 30 Jahren erfanden die Italiener die Slow-Food-Bewegung (Langsames-Essen-Bewegung) zur Förderung des langsamen Essens und der gesunden Ernährung. Die Bewegung setzt sich dafür ein, dass besondere regionale Spezialitäten erhalten bleiben, zum Beispiel der rote Knoblauch aus der Stadt **Nubia**, der schwarze Sellerie aus der Region **Umbrien** oder *Biricoccolo* (eine Kreuzung aus Pflaumen und Aprikosen) aus der Region **Emilia Romagna**. Die Menschen, die dieser Bewegung angehören, organisieren auch Kochkurse und unterstützen Restaurants, die traditionelle Gerichte servieren.

129

Wörterbuch

buon giorno (ausgesprochen buon dschorno) – Guten Morgen!; Guten Tag!

buona sera – Guten Abend!

arrivederci (ausgesprochen arriwedärtschi) – Auf Wiedersehen!

a presto – Bis bald!

buona notte – Gute Nacht!

ciao (ausgesprochen tschau) – Hallo!

grazie – Danke.

mi scusi (ausgesprochen mi skusi) – Entschuldigung.

via – Straße

parcheggio (ausgesprochen parkädscho) – Parkplatz

stazione – Bahnhof

aeroporto – Flughafen

albergo – Hotel

ristorante – Restaurant

negozio – Geschäft

polizia (ausgesprochen polizija) – Polizei

dottore – Arzt

Mi chiamo... (ausgesprochen mi kiamo) – Ich heiße...

Sono Tedesco. (Jungen)/**Sono Tedesca.** (Mädchen)
(ausgesprochen sono tedäsko/sono tedäska) –
Ich bin Deutscher./Ich bin Deutsche.

Non capisco. (ausgesprochen non kapisko) – Ich verstehe nicht.

Come va? (ausgesprochen kome wa) – Wie geht's?

Sto bene, grazie. – Gut, danke.

Sono malato. (Jungen)/**Sono malata.** (Mädchen) –
Ich bin krank.

Quanto costa? (ausgesprochen kuanto kosta) –
Wie viel kostet das?

Dov'è il bagno? (ausgesprochen dowä il banjo) –
Wo ist das Bad?

Mi sono perso. (Jungen)/**Mi sono persa.** (Mädchen) –
Ich habe mich verlaufen.

Aiuto! (ausgesprochen ajuto) – Hilfe!

Tanti auguri! – Herzlichen Glückwunsch!

Baci e abracci! (ausgesprochen batschi e abratschi) –
Küsse und Umarmungen!

Im Hof

Ciao Dario. Che bel cane che hai!
„Hallo Dario. Du hast aber einen schönen Hund!"

Non è un cane. È un tigre.
„Das ist kein Hund. Das ist ein Tiger."

Lo porti allo zoo?
„Bringst du ihn in den Zoo?"

No, faremo una passeggiata.
Vieni con noi?
„Nein, wir gehen spazieren.
Kommst du mit?"

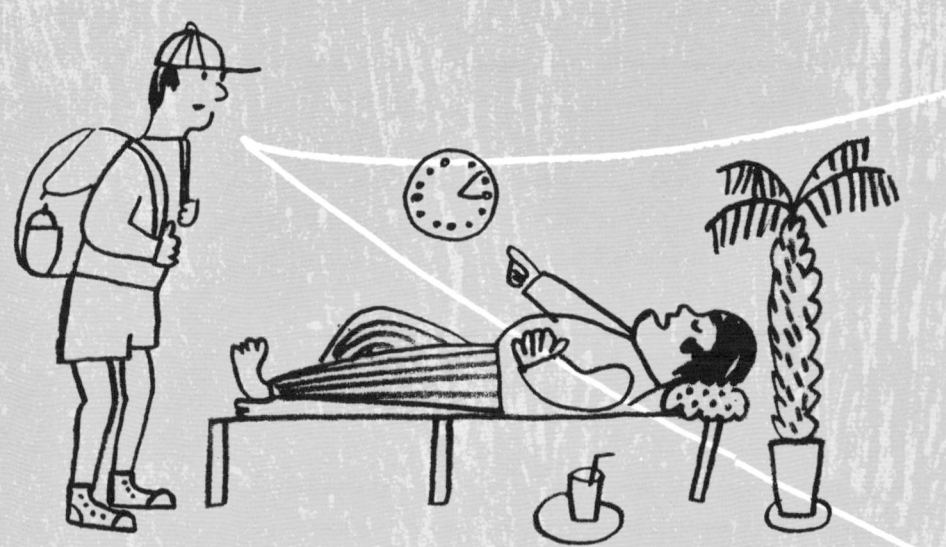

Auf der Straße

Mi scusi, mi sono perso/persa.
Come si arriva all'hotel Rialto?
„Entschuldigung, ich habe mich verlaufen.
Wie komme ich zum Hotel Rialto?"

È facile! Bisogna andare sempre dritto.
„Das ist ganz einfach!
Man muss einfach nur geradeaus gehen."

Im Geschäft

Un chilo di mele, per favore.
„Ein Kilo Äpfel bitte."

Ma ragazzo, durante la siesta io non lavoro!
„Aber mein Junge, während der Siesta arbeite ich nicht!"

Glossar

Kunsthandwerkerin Jemand, der sehr geschickt mit seinen Händen ist. Kunsthandwerke sind zum Beispiel Tischler, Bildhauer, jemand, der Instrumente baut, oder Keramik töpfert. Meistens stellen die Kunsthandwerker Gegenstände für den täglichen Gebrauch her.

Barock Italien war der Vorreiter für den Beginn des Barocks, einer Epoche, die im 17. und 18. Jahrhundert maßgeblich die Künste und Architektur geprägt hat. Ein Erkennungsmerkmal für den Barock sind die verschnörkelten Formen, ein anderes die „Putten", die kleinen Kinder mit Engelsflügeln, die man oft in Kirchen findet.

Chronist Jemand, der aufschreibt, was passiert ist. Ein Chronist schreibt eine Chronik, die wichtigste Form der Geschichtsschreibung, denn sie enthält alle Ereignisse eines bestimmten Zeitraums in der richtigen Reihenfolge.

Fresko Ein Fresko ist ein Bild, was auf eine Wand oder eine Mauer gemalt wird. Ursprünglich wurde die Farbe auf den frischen, noch feuchten, Kalkputz aufgetragen – daher kommt auch der Name, denn das italienische Wort *fresco* heißt auf deutsch „frisch". Heutzutage benutzt man es umgangssprachliche für alle möglichen Wandmalereien.

Holzpfähle in Venedig Die Gebäude und Brücken in Venedig wurden mit Millionen von Holzpfählen aus den Wäldern im Umland errichtet, die in den Boden gerammt worden. Der das Holz umgebende Sand sorgte dafür, dass es nicht vermoderte. Durch die vielen Motorboote in den letzten Jahrzehnten wurde dieser Sand durch die Wellen teilweise weggeschwemmt. Das Holz fault nun durch den Kontakt mit dem Wasser und die Fundamente werden instabil. Man versucht diese mit Zement oder Metall neu zu stützen.

Konditorin Jemand, der sich mit süßen Sachen bestens auskennt. Ein Konditor oder eine Konditorin stellen Feinbackwerk her; das sind Pralinen, gefüllte Teilchen, Konfekt oder Torten. Im alten Rom nutzten sie Honig anstelle von Zucker.

Pendeluhr Eine Pendeluhr funktioniert mithilfe eine Pendels, welches von rechts nach links und zurück schwingt. Damit es ganz genau funktioniert, darf die Uhr sich selbst nicht bewegen und muss auf einem festen Untergrund stehen. Es wurde im 17. Jahrhundert erfunden, damit man die Zeit messen konnte. Die Schwingungen waren so genau, dass es kaum Verzögerungen gab.

Renaissance Eine Periode, die im 15. und 16. Jahrhundert in Europa sehr wichtig war. Das Wort kommt aus dem Französischen und bedeutet „Wiedergeburt", damit bezieht man sich auf die Wiederbelebung des Denkens und der Künste der Antike. Es beschreibt das damals aufkommende Interesse in Kunst, Literatur und Wissenschaft. Viele Italiener wie Leonardo da Vinci oder Michelangelo gehörten zu den treibenden Köpfen der Renaissance.

Säulengänge Ein Gang, der mit geraden Säulen rechts und links umfasst ist. Er kann entweder Teil eines Gebäudes sein oder für sich auf einem Platz stehen. Säulengänge waren mal sehr populär.

Zum Selbermachen

Möchtest du auch gern kochen wie die Italiener? Diese Gerichte kannst du mit etwas Hilfe von einem Erwachsenen ganz leicht selbst ausprobieren.

Melone mit Parmaschinken

3 Portionen

EINE SALZIG-SÜßE LECKEREI

DU BRAUCHST:
EINE HALBE MELONE,
EINE ZITRONE,
3 SCHEIBEN PARMASCHINKEN.

DIE MELONE MIT EINEM LÖFFEL ENTKERNEN ① UND IN DREI ② TEILE SCHNEIDEN. JEDE SCHEIBE ③ MIT ZITRONENSAFT BETRÄUFELN UND IN DIE ④ SCHINKENSCHEIBEN EINWICKELN.

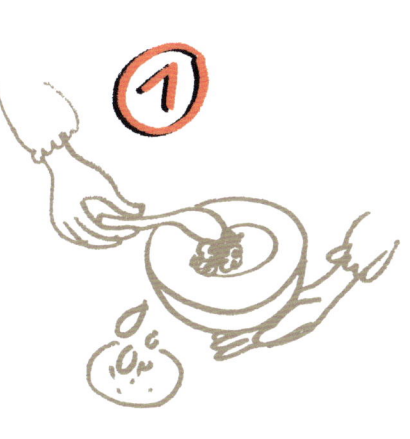

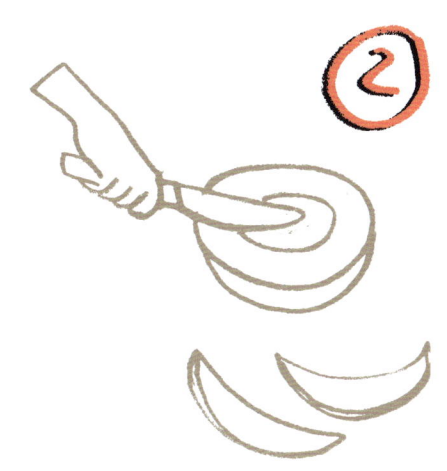

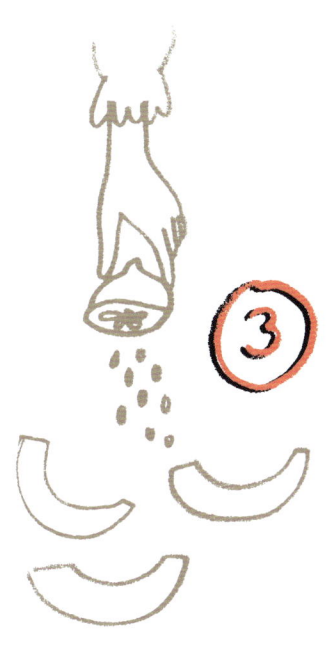

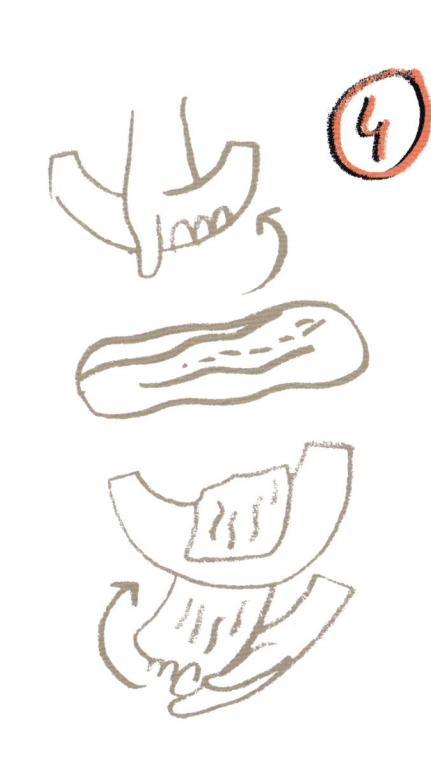

Eine knusprige Bruschetta

2 Portionen

DU BRAUCHST: 4 BROTSCHEIBEN, 2 TOMATEN, OLIVENÖL, SALZ, FRISCHE BASILIKUMBLÄTTER.

DIE TOMATEN IN KLEINE WÜRFEL SCHNEIDEN, IN EINE SCHÜSSEL GEBEN, NACH GESCHMACK SALZEN UND LEICHT MIT OLIVENÖL BETRÄUFELN.

DIE BROTSCHEIBEN IM TOASTER ODER BACKOFEN RÖSTEN.

DANN MIT OLIVENÖL EINREIBEN, MIT TOMATEN BELEGEN UND MIT BASILIKUMBLÄTTERN DEKORIEREN.

DU BRAUCHST: 3 SCHEIBEN TROCKENES BROT, 2 TOMATEN, OLIVENÖL, FRISCHE BASILIKUMBLÄTTER, SALZ UND PFEFFER.

DIE BROTSCHEIBEN IN KLEINE STÜCKE ZERTEILEN. DIE TOMATEN IN KLEINE WÜRFEL SCHNEIDEN. DANN ALLES IN EINE SCHÜSSEL GEBEN. MIT OLIVENÖL BETRÄUFELN. MIT SALZ, PFEFFER UND ZERRISSENEN BASILIKUMBLÄTTERN WÜRZEN. (ACHTUNG: BASILIKUM NICHT MIT DEM MESSER SCHNEIDEN, SONST WIRD ES SCHWARZ UND BITTER!)

Panzanella-Salat

2 Portionen

WIE MAN AUS
TROCKENEM BROT
ETWAS LECKERES
ZAUBERT

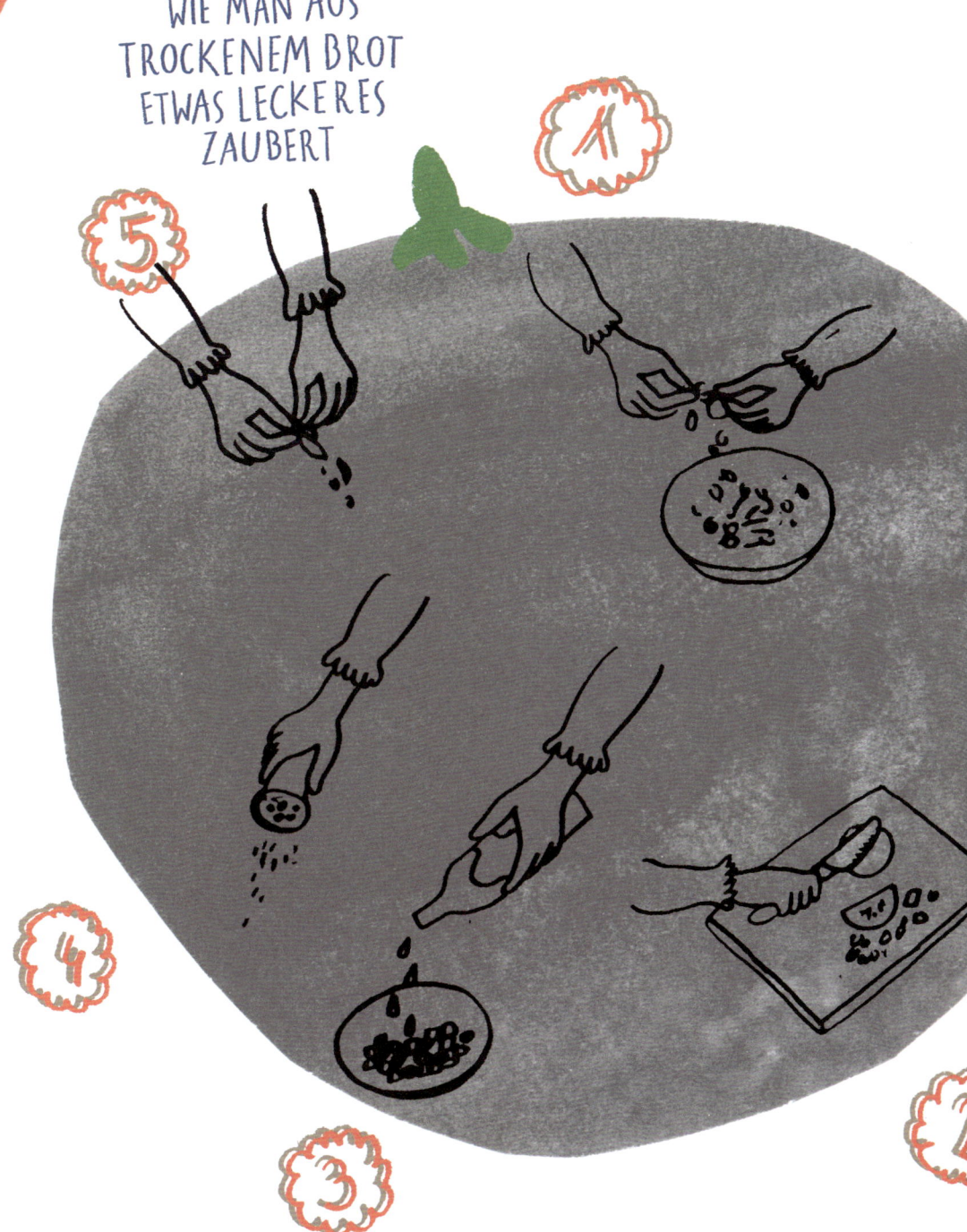

Tiramisu
Ein Gute–Laune–Dessert

DU BRAUCHST: **(250g)**
EINEN ESSLÖFFEL ZUCKER, EINE TASSE

EIGELB MIT ZUCKER SCHAUMIG SCHLAGEN,
ESPRESSO KOCHEN UND ABKÜHLEN LASSEN.
EINTAUCHEN, DANACH IN DIE DESSERTSCHALE
MASCARPONE-EIGELB-CREME

EINGETAUCHTE LÖFFELBISKUITS
DER CREME BEDECKEN. AM ENDE
GENAUSO IN DEN ZWEI
VORBEREITEN. EINE
ABKÜHLEN

DER NAME
IST VON
ABGELEITET
„ZIEH MICH HOCH"

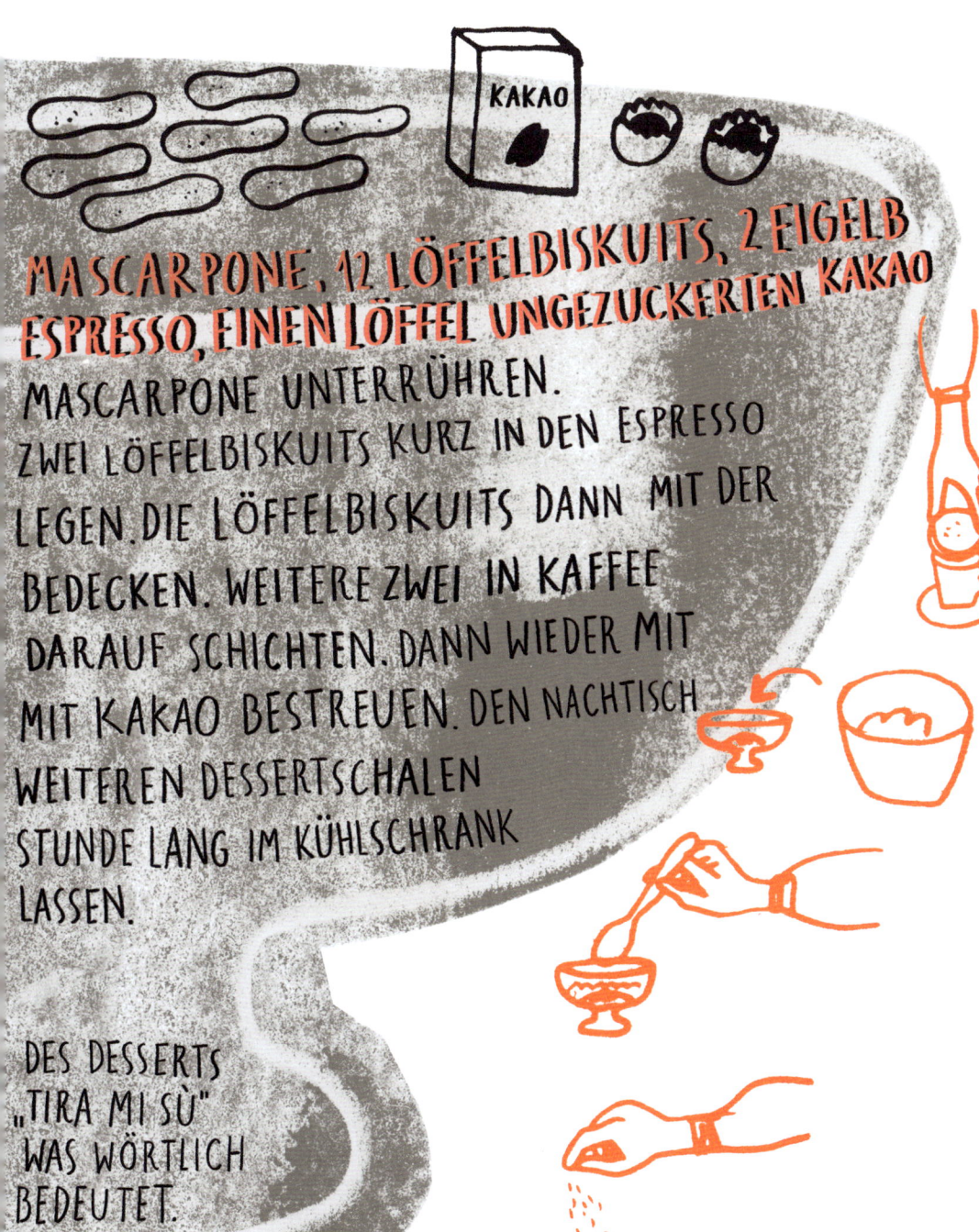

MASCARPONE, 12 LÖFFELBISKUITS, 2 EIGELB ESPRESSO, EINEN LÖFFEL UNGEZUCKERTEN KAKAO

MASCARPONE UNTERRÜHREN.
ZWEI LÖFFELBISKUITS KURZ IN DEN ESPRESSO
LEGEN. DIE LÖFFELBISKUITS DANN MIT DER
BEDECKEN. WEITERE ZWEI IN KAFFEE
DARAUF SCHICHTEN. DANN WIEDER MIT
MIT KAKAO BESTREUEN. DEN NACHTISCH
WEITEREN DESSERTSCHALEN
STUNDE LANG IM KÜHLSCHRANK
LASSEN.

DES DESSERTS
„TIRA MI SÙ"
WAS WÖRTLICH
BEDEUTET.

DU BRAUCHST:
OLIVENÖL,
ROSMARINZWEIGE.

OLIVENÖL VORSICHTIG IN EINE DUNKLE FLASCHE EINGIESSEN. ROSMARINZWEIGE HINZUFÜGEN. NACH EINIGEN TAGEN WIRD DAS OLIVENÖL NACH ROSMARIN DUFTEN UND SCHMECKEN.
(STATT ROSMARIN KANN MAN AUCH BASILIKUM, KNOBLAUCH ODER CHILISCHOTEN VERWENDEN – JE NACH GESCHMACK.)

Olivenöl mit Rosmarin

ZWEI GESCHMÄCKE SIND
BESSER ALS EINER

BUON
APPETITO

PORRO

POMODORO

FAGIOLI

vino

VINO

ZUCCHINI

TIMO

CAVOLFIORE

SEDANO

RAVANELLO

PISELLO

Auf geht's nach Italien!
Eine Reise ins Land von Pizza, Eiscreme und vielem mehr

Illustriert von Monika Utnik-Strugała
Erzählt von Anna Ładecka

Übersetzung aus dem Polnischen von Katharina Wawrzon-Stewart

Erschienen bei Kleine Gestalten, Berlin 2019
ISBN 978-3-89955-833-3

Die englische Ausgabe ist unter der
ISBN 978-3-89955-838-8 erhältlich.

Schriften: Egyptian von André Günther, Compotes Espresso Bold by Piñata
Druck: Gutenberg Beuys Feindruckerei, Langenhagen
Hergestellt in Deutschland

Die polnische Originalausgabe erschien unter dem Titel „Mamma Mia" bei Dwie
Siostry, © für die polnische Originalausgabe: Dwie Siostry, 2015. © für die
deutsche Ausgabe: Kleine Gestalten, erschienen bei Die Gestalten Verlag
GmbH & Co. KG, Berlin 2019.

Weitere Informationen und Buchbestellungen unter www.kleine.gestalten.com.

Bibliografische Information der Deutschen Nationalbibliothek. Die Deutsche
Nationalbibliothek verzeichnet diese Publikation in der Deutschen
Nationalbibliografie; detaillierte bibliografische Daten sind im Internet über
www.dnb.de abrufbar.

Dieses Buch wurde auf FSC®-zertifiziertem Papier gedruckt.

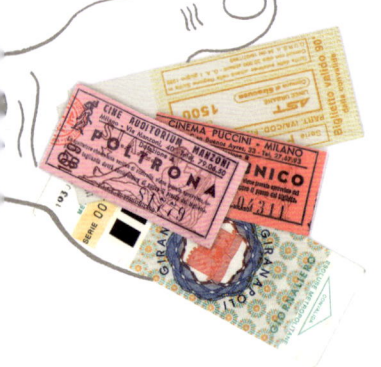

Die Veröffentlichung dieses
Buches wurde durch das
© Poland Translation Program
unterstützt.